SHIGA

47 都道府県ご当地文化百科

滋賀県

丸善出版 編

丸善出版

刊行によせて

　「47都道府県百科」シリーズは、2009年から刊行が開始された小百科シリーズである。さまざまな事象、名産、物産、地理の観点から、47都道府県それぞれの地域性をあぶりだし、比較しながら解説することを趣旨とし、2024年現在、既に40冊近くを数える。

　本シリーズは主に中学・高校の学校図書館や、各自治体の公共図書館、大学図書館を中心に、郷土資料として愛蔵いただいているようである。本シリーズがそもそもそのように、各地域間を比較できるレファレンスとして計画された、という点からは望ましいと思われるが、長年にわたり、それぞれの都道府県ごとにまとめたものもあれば、自分の住んでいる都道府県について、自宅の本棚におきやすいのに、という要望が編集部に多く寄せられたそうである。

　そこで、シリーズ開始から15年を数える2024年、その要望に応え、これまでに刊行した書籍の中から30タイトルを選び、47都道府県ごとに再構成し、手に取りやすい体裁で上梓しよう、というのが本シリーズの趣旨だそうである。

　各都道府県ごとにまとめられた本シリーズの目次は、まずそれぞれの都道府県の概要（知っておきたい基礎知識）を解説したうえで、次のように構成される（カギカッコ内は元となった既刊のタイトル）。

Ⅰ　歴史の文化編
　「遺跡」「国宝 / 重要文化財」「城郭」「戦国大名」「名門 / 名家」
　「博物館」「名字」
Ⅱ　食の文化編
　「米 / 雑穀」「こなもの」「くだもの」「魚食」「肉食」「地鶏」「汁

i

物」「伝統調味料」「発酵」「和菓子 / 郷土菓子」「乾物 / 干物」
Ⅲ　営みの文化編
　「伝統行事」「寺社信仰」「伝統工芸」「民話」「妖怪伝承」「高校
野球」「やきもの」
Ⅳ　風景の文化編
　「地名由来」「商店街」「花風景」「公園 / 庭園」「温泉」

　土地の過去から始まって、その土地と人によって生み出される食
文化に進み、その食を生み出す人の営みに焦点を当て、さらに人の
営みの舞台となる風景へと向かっていく、という体系を目論んだ構
成になっているようである。
　この目次構成は、一つの都道府県の特色理解と、郷土への関心に
つながる展開になっていることがうかがえる。また、手に取りやす
くなった本書は、それぞれの都道府県に旅するにあたって、ガイド
ブックと共に手元にあって、気になった風景や寺社、歴史に食べ物
といったその背景を探るのにも役立つことだろう。
　　　　　　　＊　　　　＊　　　　＊
　さて、そもそも47都道府県、とは何なのだろうか。47都道府県
の地域性の比較を行うという本シリーズを再構成し、47都道府県
ごとに紹介する以上、この「刊行によせて」でそのことを少し触れ
ておく必要があるだろう。
　日本の古くからの地域区分といえば、「五畿七道と六十余州」と
呼ばれる、京都を中心に道沿いに区分された8つの地域と、66の「国」
ならびに2島に分かつ区分が長年にわたり用いられてきた。律令制
の時代に始まる地域区分は、平安時代の国司制度はもちろんのこと、
武家政権時代の国ごとの守護制度などにおいて（一部の広すぎる国、
例えば陸奥などの例外はあるとはいえ）長らく政治的な区分でも
あった。江戸時代以降、政治的区分としては「三百諸侯」とも称さ
れる大名家の領地区分が実効的なものとなるが、それでもなお、令
制国一国を領すると見なされた大名を「国持」と称するなど、この
区分は日本列島の人々の念頭に残り続けた。
　それが大きく変化するのは、明治維新からである。まず地方区分

は旧来のものにさらに「北海道」が加わり、平安時代以来の陸奥・出羽の広大な範囲が複数の「国」に分割される。政治上では、まずは京・大阪・東京の大都市である「府」、中央政府の管理下にある「県」、各大名家に統治権を返上させたものの当面存続する「藩」に分割された区分は、大名家所領を反映して飛び地が多く、中央集権のもとで中央政府の政策を地方に反映させることを目指した当時としては、極めて使いづらいものになっていた。そこで、まずはこれら藩が少し整理のうえ「県」に移行する。これがいわゆる「廃藩置県」である。これらの統合が順次進められ、時にあまりに統合しすぎて逆に非効率だと慌てつつ、1889年、ようやく1道3府43県という、現在の47の区分が確定。さらに第2次世界大戦中の1943年に東京府が「東京都」になり、これでようやく1都1道2府43県、すなわち「47都道府県」と言える状態になったのである。これが現在からおよそ80年前のことである。また、この間に地方もまとめ直され、京都を中心とみるのではなく複数のブロックで扱うことが多くなった。本シリーズで使っている区分で言えば、北海道・東北・関東・北陸・甲信・東海・近畿・中国・四国・九州及び沖縄の10地方区分だが、これは今も分け方が複数存在している。

　だいたいどのような地域区分にも言えることではあるのだが、地域区分は人が引いたものである以上、どこかで恣意的なものにはなる。一応1500年以上はある日本史において、この47都道府県という区分が定着したのはわずか80年前のことに過ぎない。かといって完全に人工的なものかと言われれば、現代の47都道府県の区分の多くが旧六十余州の境目とも微妙に合致して今も旧国名が使われることがあるという点でも、境目に自然地理的な山や川が良く用いられているという点でも、何より我々が出身地としてうっかり「○○県出身」と言ってしまう点を考えても（一部例外はあるともいうが）、それもまた否である。ひとたび生み出された地域区分は、使い続けていればそれなりの実態を持つようになるし、ましてや私たちの生活からそう簡単に逃れることはできないのである。

＊　　　＊　　　＊

　各都道府県ごとにまとめ直す、ということは、本シリーズにおい

刊行によせて　　iii

ては「あえて」という枕詞がつくだろう。47都道府県を横断的に見てきたこれまでの既刊シリーズをいったん分解し、各都道府県ごとにまとめることで、私たちが「郷土性」と認識しているものがどのようにして構築されたのか、どのように認識しているのかを、複数のジャンルを横断することで見えてくるものがきっとあるであろう。もちろん、47都道府県すべての巻を購入して、とある県のあるジャンルと、別の県のあるジャンルを比較し、その類似性や違いを考えていくことも悪くない。あるいは、各巻ごとに精読し、県の中での違いを考えてみることも考えられるだろう。

　ともかくも、地域性を考察するということは、地域を再発見することでもある。我々が普段当たり前だと思っている地域性や郷土というものからいったん身を引きはがし、一歩引いて観察し、また戻ってくることでもある。有名な小説風に言えば、「行きて帰りし」である。

　本シリーズがそのような地域性を再発見する旅の一助となることを願いたい。

2024年5月吉日

執筆者を代表して

森　岡　　浩

目　　次

知っておきたい基礎知識　I

基本データ（面積・人口・県庁所在地・主要都市・県の植物・県の動物・該当する旧制国・大名・農産品の名産・水産品の名産・製造品出荷額）／県章／ランキング1位／地勢／主要都市／主要な国宝／県の木秘話／主な有名観光地／文化／食べ物／歴史

I　歴史の文化編　11

遺跡 12 ／国宝/重要文化財 18 ／城郭 26 ／戦国大名 36 ／名門/名家 44 ／博物館 52 ／名字 57

II　食の文化編　63

米/雑穀 64 ／こなもの 71 ／くだもの 75 ／魚食 80 ／肉食 84 ／地鶏 90 ／汁物 94 ／伝統調味料 99 ／発酵 103 ／和菓子/郷土菓子 108 ／乾物/干物 114

III　営みの文化編　119

伝統行事 120 ／寺社信仰 126 ／伝統工芸 132 ／民話 138 ／妖怪伝承 144 ／高校野球 150 ／やきもの 156

Ⅳ　風景の文化編　161

地名由来 162／商店街 167／花風景 173／公園/庭園 177／温泉 184

執筆者／出典一覧　186
索　引　188

【注】本書は既刊シリーズを再構成して都道府県ごとにまとめたものであるため、記述内
　　　容はそれぞれの巻が刊行された年時点での情報となります

滋賀県

知っておきたい基礎知識

- 面積：4017km^2
- 人口：140万人（2024年速報値）
- 県庁所在地：大津市
- 主要都市：彦根、草津、守山、東近江（ひがしおうみ）、長浜、近江八幡（おうみはちまん）、甲賀、高島
- 県の植物：モミジ（木）、シャクナゲ（花）
- 県の動物：カイツブリ（鳥）
- 該当する旧制国：東山道近江国（おうみのくに）
- 該当する大名：彦根藩（井伊氏）、朽木藩（くつきはん）（朽木氏）、膳所藩（ぜぜはん）（本多家など）、大溝藩（おおみぞはん）（分部家（わけべけ）など）
- 農産品の名産：コメ、チャ、ソバ、カブ、麦、大豆
- 水産品の名産：ニゴロブナ、ホンモロコ、スジエビ、アユなど
- 製造品出荷額：8兆744億円（2019年）

● 県　章

「シガ」を表すカタカナを図案化し、さらに中央の空間を琵琶湖に見立てたもの。

●ランキング1位

・**最大面積の湖**　琵琶湖は日本最大の面積を誇る湖（670km²）であるが、さらに大小30以上の「内湖」と呼ばれる浅い入江を抱えている。これらは古くは漁労やヨシ刈、灌漑用水の水源など幅広い用途に用いられていたが、戦前・戦後の食糧増産の流れの中で、最も広かった大中の湖（現在の近江八幡市の北側、長命寺山の南に位置した）が干拓されるなど、その多くが失われた。現在、一部の内湖については復活も検討されている。

●地　勢

　近畿地方の中央部東側、国内最大の湖である琵琶湖をその中に抱えた県。

　琵琶湖は県土の6分の1を占めるが、大きくは琵琶湖大橋がかかる狭窄部を境として南湖と北湖に分ける。湖には野洲川などをはじめとして、琵琶湖を取り巻く伊吹山地や比良山地などに発した多くの川が流れ込むが、琵琶湖から流出するのは、南の端から流れ出る瀬田川（と広義でいえば人工河川の琵琶湖疎水）のみである。この琵琶湖は近畿地方から北陸地方・日本海側や東海地方に抜けるうえでの重要な水運の道でもあり、沿岸に水資源や水産資源、また交易など様々な面での恩恵をもたらした。一方でこの流出河川が一つしかないことによって、県内はたびたび琵琶湖の水位上昇がもたらす洪水に見舞われている。

　平地は西側ほど山が湖岸に迫って少なく、東側ほど多い。近畿地方に近く、交通の要衝であったこの地域は早くから開発が進み、穀倉地帯の一角としても知られてきた。ただし、同時にこのことが近世において、山からの土砂流出を強め、多数の天井川（川床が周辺の土地よりも高い河川。洪水をおこしやすい）を形成することになっている。

　山は西岸に比叡山や比良山地、東岸に古くから東西の境とみなされてきた伊吹山、北に若狭（福井県）の沿岸部とを分ける野坂山地が存在する。このうち、比良山中には安曇川の上流に断層に沿って発達した細長い谷間である朽木谷があり、ここを経由して京都から小浜に向かう道筋も古くから使われてきた。また、琵琶湖が有名だがそれ以外にも余呉湖などの湖がある。

●主要都市

・**大津市**　南部にあり、古代から琵琶湖水運の拠点として、また京都の東の外港として栄えた港町を中心とする県庁所在地。現在の市域には、比叡山の山麓にあって地主神の日枝山王の門前町としても栄えた坂本や、湖上水運の一中心地として栄えた堅田、また名刹として知られる石山寺などが含まれる。

・**彦根市**　北部地域にある、江戸時代初頭に築城された彦根城とその城下町に由来する都市。彦根城は現在でも縄張りや建造物がよく保存されている。江戸時代以降の県内においては、湖上交通・中山道・北陸道が近接する交通の要衝であり、たびたび大津と県庁所在地の地位を争っている。

・**草津市**　近世中山道と東海道の分岐点として栄えた宿場町。

・**近江八幡市**　豊臣政権下において建てられた八幡山城の城下町に由来する都市。城は早々に破却されたものの、城下町は江戸時代を通じて近江有数の商業都市として栄え、現在でも八幡堀などは江戸時代の面影を残す。

・**東近江市**　近江商人の活動拠点として知られる八日市や五個荘（古い町並みも現存）を中心として、周辺の市町村が合併した都市。八日市の西には天狗伝説で知られる太郎坊宮もある。

・**長浜市**　湖北地域の中心都市の一つであり、北陸方面への交通と湖上交通の結節点として栄えた町。市内の黒壁地区は、現代に入って衰退しかけた市中心部の旧長浜宿や明治時代の銀行を中心とした一帯を、街並み保存として活性化させた好例として知られている。

・**米原市**　北陸道と中山道の分岐点であり、また港町としても栄えた都市。近代においては北陸本線と東海道本線の分岐点として交通の要衝であり、県内唯一の新幹線の駅もここにある。

・**守山市**　中山道において、京都から進んだ場合の最初の宿泊地としても知られていた宿場町。近年は草津と同様にベッドタウンとしても人口増加が著しい。

・**高島市**　安曇川の下流、湖西地域においてほぼ唯一といえる比較的広い平地を占める都市。合併のため朽木地区も市域に含む。市域では湖西地域の陣屋町に由来する大溝、湖上交通と若狭方面の街道が接続する港町の海津が古くから栄えている。

滋賀県　知っておきたい基礎知識　3

●主要な国宝

・**彦根城** 彦根城の建築は江戸時代の初期、佐和山城に代わって近江地域の中心として建造された城にさかのぼり、山の上にそびえる天守は現存天守の一つである。また、城全体としても登城道などをはじめとした防御機構や、太鼓門ややぐらをはじめとした当時の建築が数多くのこっている。城下町も当時の町割りをよく残している。なお、大半は重要文化財だが、藩主井伊家伝来の品が旧城域に設けられた博物館で展示されている。

・**石山寺** 大津市南部、瀬田川が琵琶湖から流出するあたりにあるこの寺は、その名の通り巨大な石の上に多宝塔や本堂という国宝に指定された建物がある（このほか、経典なども国宝に指定）。本堂は平安時代にまでさかのぼり、伝説によれば『源氏物語』の作者である紫式部も参拝し、そして物語の構想を練ったという。

●県の木秘話

・**モミジ** 秋の鮮やかな紅葉が特徴的な広葉樹。滋賀県には日枝山王や石山寺をはじめとして、数多くの名所が存在する。

・**シャクナゲ** 淡い紅色の鮮やかな花を咲かせる木。滋賀県内では他県同様に比較的高地（1000m前後）に見られるが、湖東地域の日野町に「しゃくなげ渓」と呼ばれている比較的低い土地にも関わらずシャクナゲが群生している名所がある。

●主な有名観光地

・**坂本** 現在でいう大津市北部の一帯は、比叡山への入り口として、また比叡山の地主神（土地の神）である日枝山王の鎮座する地として、さらには天台座主（比叡山延暦寺の全僧侶のトップ、すなわち天台宗のトップ）の座所ともされた滋賀院の所在地として、多数の寺社仏閣が立地してきた。傾斜のきつい坂道に沿って、石組みのうえに建てられた寺社や石畳の道筋が広がっており、現在もこれらに加えて天台宗の宗務庁が立地するなど、門前町かつ宗教都市としての一面を見せる。

・**竹生島** 古くから謡曲に「緑樹影沈んで／魚木に登る気色あり」とうたわれる名勝。その開山は奈良時代にもさかのぼるとされる観音・弁財天信仰の霊場として、豊臣秀吉をはじめとして多数の権力者の保護を受けてき

た。このほか、琵琶湖には国内でわずかしかない湖中の有人島である沖島も存在する。

・**近江八幡の八幡堀**　琵琶湖周辺には明智光秀の居城として知られた坂本城、往時は湖の中の島を城域としていた安土城、湖に浮いているようとも謳われた膳所城、琵琶湖から湖の水を引き込んで港と堀とした彦根城など、琵琶湖の水を使用した城が多い。八幡山城に由来する近江八幡の町も例外ではなく、湖には直接面していない城下と湖とをつなぐために堀が築かれた。この堀を重要な輸送路として、近江八幡は近江商人の中心地のひとつとして繁栄したが、湖上交通の近代における衰退とともに堀は使われなくなった。しかし、1970年代に埋め立てられそうになったところで景観構成要素としての見直しが行われ、現在、この堀は近隣の建築群ともども、水郷と呼ばれる近江八幡の代名詞となっている。

・**瀬田の唐橋**　大津市の南には、琵琶湖から流出する唯一の河川である瀬田川があるが、瀬田の唐橋はここを渡る橋である。現在の橋は戦後の架け替えだが、その特徴的な擬宝珠などが並ぶ姿や緩やかなそりは、現在も注視すれば新幹線の車窓から一瞬みることができる。近江経由で東から陸路をとって京都に向かう場合には、この橋をどうしても渡らざるを得ず、このため瀬田の唐橋を確保すれば京都を確保したも同然といわれてきた。なお、ことわざ「急がば回れ」はこの橋のこと（湖を急いで大津まで船で渡って風で危険な思いをするより、少し遠いが唐橋を渡った方が確実だ）を指したものだと伝えられている。

・**太郎坊宮と多賀大社**　湖北・湖東地域は奇岩も実は多く、磐座もいくつかある。特に、八日市の町の西にそびえる山を神域とする太郎坊宮は天狗伝説が残るほどの切り立った岩がある。加えて、近江一帯は比叡山以前から古社の伝承が多数あり、近江最大の神社の一つである多賀大社はイザナギの神を、太郎坊宮はアマテラスの長男とされるアメノオシホミミをそれぞれ祭神とする。

●文　化

・**競技かるた大会**　『百人一首』によるかるたが、競技としてのルールを統一的に定められたのは1904年とかなり新しいが、その大会が開かれる大津市の近江神宮もかなり新しく、1940年にかつて天智天皇が都をおいたというあたりに創建された。会場としては1960年代以降に定着しているが、

滋賀県　知っておきたい基礎知識　5

その最大の理由は第1首目が天智天皇の歌とされることによっている。
・鳥人間コンテスト　1977年以来、毎年開催されている人力飛行機の競技会。現在の開催地は彦根市の松原で、そこから竹生島や琵琶湖大橋に向かって、比叡山や比良山地から吹き降ろす風を受けて飛ぶ飛行機は風物詩となっている。なお、松原は滋賀県の名物、海水浴場ならぬ湖水浴場でもある。
・信楽焼　南部の甲賀地域で鎌倉時代以来生産されている焼き物の総称。その作品としては狸の置物が特に有名だが、それ以外にも茶道具から壺、はたまた浴槽などの日用品に至るまで、大消費地の京都・大阪に近い立地からも幅広い作品が生産されている。最近では連続テレビ小説「スカーレット」で、古信楽の再現に取り組んだ陶芸家が取り上げられた。なお、原材料の土は、先史時代にこの地に広がっていた琵琶湖の元になった湖に由来している。

●食べ物

・ふなずし　滋賀県といえばまず挙げられる郷土料理。琵琶湖でとれたフナを塩漬けにしたものを、ご飯を漬け床にしてさらに数か月乳酸発酵させて食する、いわゆる馴れずしである。当然ながら、琵琶湖でとれるほかの魚でも同様に馴れずしが作られてきた。なお、琵琶湖ではブラックバスをはじめとした外来種の移入や、内湖のヨシ原の減少などの理由も重なって在来の魚種が減少しており、琵琶湖の環境回復が他県に比べても早くから真剣に取り組まれている一因となっている。
・近江ちゃんぽん　彦根を中心とした湖東・湖北地域において戦後に発達した麺料理。和風の出汁と煮込んだ野菜を特徴としている。
・近江牛の味噌漬け　その名の通り、近江牛を味噌中心の漬け床につけて味をしみこませた料理だが、特筆すべき点としては公的には肉食が禁じられていた江戸時代中期から、すでに彦根藩より将軍家や諸大名への贈り物として定着していたことがあげられる。なお、同じく彦根には干牛肉（つまりジャーキー）の製造法を記した古文書も残っている。
・豆腐田楽　精進を建前とする寺社仏閣が多く、また大豆の産地でもあった近江一帯は、そのため大豆を用いた豆腐料理も盛んであった。豆腐に味噌を塗って焼き上げる田楽は、すでに江戸時代から近江の名物として紹介されている。

●歴　史

●古　代

　そもそも「近江」が「近つ淡海」、つまり近畿地方の近くにある淡水の湖ということに由来しているとおり、後の滋賀県は琵琶湖と共にあった県であった。弥生時代にはすでに琵琶湖に流れ込む河川や琵琶湖沿いに多数の水田や集落が開かれていた一方、琵琶湖の水面変動に飲み込まれた遺跡も数多く、このような遺跡として粟津湖底遺跡などが知られている。また、近畿地方の住民にとっても、滋賀県の県域は東や北に向かうにあたって必ず通るべき道筋の一つであった。穀倉地帯の北陸に向かう場合はもちろん、伊賀を経由する別の道があった東方面ですら、東岸を経由し不破関（関ヶ原）を通過するという、比較的平地が続く通行の最も楽な道が滋賀県を通過していたのである。そのことを反映するかのように、『古事記』にも伝説上の天皇の何人かが近江に都を構えた、という記述があり、また考古学的に確認されている遺構という点では、667年に当時の天智天皇が飛鳥（奈良県）から移った大津宮の遺跡が、また742年には聖武天皇が畿内諸国に宮城を転々と移す中で一時、紫香楽宮（今の信楽）をおいている。このうち大津宮はしばらく継続したが、壬申の乱でここに本拠を置いていた大友皇子が大海人皇子（天武天皇）に不破関などを封鎖されて援軍を得られず敗れたため、都は再び飛鳥に戻ることになっている。

　交通上も、近畿地方の政権の維持上も重要ではあった近江の地位は、794年の平安京遷都でさらに増すことになった。つまり、すぐ西隣の山城国に都がおかれたため、東日本から都に向かう人や文物のほとんどが近江を経由するようになったのである。この影響を最も受けたのが南部の港町大津で、京都から北陸・東海方面に向かう湖上交通において、京都の玄関口としておおいに栄えた。加えて、比叡山延暦寺や石山寺、園城寺（三井寺）といった朝廷にも大きな影響を与えた寺社も多数開かれていくことになる。

　なお、近江国は律令制の当初から設置されていたが、東山道（不破関を抜けて信濃などの山間部を経由し陸奥に向かう道）に属しているのは当然ながらこちらの方が早くから近江を通っていたためである。東海道が正式に伊賀経由から近江経由に付け替えられるのは、平安京遷都以後のことである。

● 中　世

　港も多く、日本の中では町といういうところも多数ある豊かな近江国に、鎌倉時代以降勢力を張るのが、佐々木氏とその後裔である。源 頼朝の挙兵に従った彼らは、鎌倉時代を通じて守護職を、さらにその一族として室町時代にかけて京極氏や六角氏が分かれつつも、一貫して近江をその勢力の基盤とすることになった。

　また、交通が盛んな近江では、坂本や堅田（南部）や塩津（北部、琵琶湖と北陸道とのつなぎ目）といった港町、また一貫して交通量が多い東山道沿いを中心に、自治的な村（惣村）や小都市が多数発達し、室町時代にかけてこれらの船主の組合や、馬借（運送業者）の組合などが多数発達した。室町時代にたびたび起こる土一揆の背景として、このことは古くから注目されている。

　戦国時代には南部を六角氏、北部を浅井氏が抑える形である程度安定するが、やがて織田信長に双方ともが滅ぼされる。彼が1576年に琵琶湖の東岸、東山道にも琵琶湖にも出やすいところに築いたのが、天主をもつ巨大城郭として有名な安土城である。ほぼ同時期、長浜城が整備されている。その後の豊臣政権下になっても、安土の町人を移した近江八幡の町の整備や、北部の穀倉地帯に配された石田三成による佐和山城の整備など、近江が近畿近隣地域の一角として重要視される流れは変わっていない。このころまで、北陸の穀物を京の都に移入する最大のルートが琵琶湖水運を使うものであり、ここを抑えることが近畿の食糧を抑えることでもあった。

● 近　世

　東西交通の要衝という滋賀県の性格は、1600年に美濃よりとはいえ東境の不破関で発生した関ヶ原の戦いでも改めて明確になり、江戸幕府は引き続き近江を重視した。東山道は江戸に向かうように整備しなおされて中山道となり、鈴鹿峠を経由する南回りの東海道など、多数の重要街道が整備されたのである。佐和山に代わって琵琶湖畔に新設された彦根城には重臣筆頭格の井伊家が入り、近江北部の穀倉地帯と水運を押さえる、また京都など近畿地方の諸大名ににらみを利かせる譜代きっての有力な大名として幕末まで存続した。

　また、この江戸時代に有名になるのが近江商人である、八幡や高島、日

野や五個荘などの町々を本拠地とした彼らは、投機的な商いを嫌って堅実に特産品の生産や不足したものの移出入などの商いに勢を出して大坂や江戸にまで進出する大商人となった。また近江商人は「三方良し」という表現に代表される顧客重視の商売に、公共事業や社会事業への貢献などによっても知られている。これらの大商人に由来する多数の企業が現代まで残っている。また、日野の商人は売薬にも力を入れており、このことが甲賀地域などでの製薬などと合わせて現代における滋賀県の盛んな製薬業につながっている。

　一方、琵琶湖水運はそれまでよりは重要性を減らした。日本海と瀬戸内海沿いに大坂・京都へと向かう西回り航路が整備されたこと、大坂が近畿地方の流通の中心になったことによって、琵琶湖水運が近畿地方の物流に占める地位が低下したのである。このことは特に南部の港町の地位低下をもたらしたが、とはいえ彦根三湊（長浜、彦根松原、米原）が引き続き北陸道と琵琶湖との連絡で繁栄するなど、まだまだ現役であった。

● 近　代

　幕末、彦根藩主であった井伊直弼が大老となり、1858年のいわゆる「安政の五か国条約」締結に向けての幕府のかじ取りを行うが、その際に強硬な態度をとったこと、また政敵への対応から、安政の大獄を引き起こした。この反発は1860年、桜田門外の変による直弼自身の暗殺とこれに伴う幕府による諸大名の統制の不安定化として噴出し、それからわずかに7年後の大政奉還・江戸幕府の終焉へとつながることとなる。京都の東隣である近江は当然ながら明治維新後、新政府軍の東征路となるが、彦根藩が直弼の死後、幕府に懲罰的扱い（石高10万石の削減など）を受けていたことが主な要因となって勤皇派・新政府寄りになっていたことにより、県内において大きな戦いは発生しなかった。

　廃藩置県においては旧藩に加えて旧幕府領を管轄する大津県が設置。これと北部地域を管轄する長浜県とが一時並立するが、1872年のうちに両県は合併し、近江全体を管轄する滋賀県はここで成立した（なお、滋賀県はこの間、大津が属する「滋賀郡」の名を用いるべきだという改名の建議が当時の大津県令から出されたことに基づきその名となった）。ただし、県域の点では1876～81年にかけて、若狭と敦賀の一部（現在の福井県嶺南地域）が編入されている。

これ以降の滋賀県は、関西地方の近隣地域としての歴史を歩む。交通の要衝としては引き続き、北陸方面に向かう鉄道が滋賀県で分岐するなどの形でその地位を保っている。ただし、この近代において移動手段の主流は鉄道・陸上交通に移り、明治時代の鉄道連絡をほぼ最後として湖上交通は物流の中心としての役割を終えることになる。県庁所在地が県土のほぼ南端である大津にあることはたびたび議論になったものの、現在まで大津が県庁である。

　現代においては関西大都市圏の近郊地域故に、また湖などをはじめとする風光明媚な住みやすさと、彦根城などをはじめとした各種観光資源も人を集め、全国でも珍しく人口増加が続いている。

【参考文献】
・畑中誠治ほか『滋賀県の歴史』山川出版社、2010

I

歴史の文化編

遺 跡

大岩山遺跡（銅鐸）

地域の特色　滋賀県は、本州のほぼ中央、近畿地方の北東部に位置する。中央に琵琶湖が位置し、県域の6分の1を占める。北は伊吹山を主峰とした伊吹山地が続き福井県、岐阜県などと接し、その南には鈴鹿山地が連なる。西は野坂山地から丹波山地、そして比良山地が二筋の尾根をなし、比叡山地が続く。山中越などの峠越えの道によって、京都と結ばれている。琵琶湖には姉川、愛知川、安曇川などの川が流れ込むが、湖水は瀬田川・宇治川・淀川を経て大阪湾へと注ぐ。

　遺跡の分布は、旧石器時代～縄文時代中期にかけては琵琶湖東畔・南畔に多くが立地するが、中期後半より湖水面の低下が生じたと考えられ、湖底に沈む遺跡も認められる。また湖北周辺にも集落が多く形成された。弥生時代以降は湖辺に近い低湿地を軸に展開し、中期以降は次第に内陸の河川流域にも集落が形成された。古墳は湖東、湖南に広く分布するが大規模なものは少なく、小地域を基盤とする中・小豪族が割拠した近江の特徴を示す。

　古代においては、天智天皇が大津に都を置いたように、政治的、経済的に重要な位置にあった。東海道をはじめ諸道が通り、北陸・東国からの諸物資が流入するなど、諸国との商品流通の拠点であった。近江国の国府は栗太郡勢多にあり、その遺構が大津市瀬田神領町で発掘されている。聖武天皇が742（天平14）年には近江国甲賀郡紫香楽に離宮を造営、翌年には大仏建立が発願される。しかし、745（天平17）年に都が恭仁から平城京へ戻り、紫香楽は放棄された。平安時代には、最澄が比叡山に一乗止観院（延暦寺）を建て、その後東塔・西塔・横川の堂塔が整えられて、その麓の坂本は門前町として栄えていく。中世には近江国守護に佐々木氏が補任。応仁・文明の乱後、六角氏、京極氏が支配する。しかし、織田信長によりいずれも平定され、安土城が築かれた。近世には、井伊氏が彦根に封ぜられたほか、膳所藩を戸田氏（後に本多氏）が領有した。このほか近江

凡例　史：国特別史跡・国史跡に指定されている遺跡

には小藩が林立、相給村も多かった。明治維新後は廃藩置県により、大津・膳所・水口・西大路・山上・彦根・宮川・朝日山の8県のほか15県の飛地が一時併存したが、1872年、大津県は滋賀県、長浜県は犬上県と改称し、同年9月犬上県は滋賀県に合併された。滋賀県はさらに敦賀県管下のうちの4郡を編入したが、後に分離し、以後は県域に変化はない。

主な遺跡

粟津湖底遺跡
（あわづこてい）

*大津市：琵琶湖の南端、瀬田川流出口、標高約81mの湖底に位置 **時代** 縄文時代早期〜後期

　1952年に藤岡謙二郎によって調査が行われ、セタシジミを主体とした貝塚と判明した。わが国最大の淡水貝塚で、3地点からなり、1980年より航路浚渫に伴い本格的な調査が開始され、1990年には第3貝塚の発掘調査が行われた。鋼矢板を打ち込み、「壁」を築いて湖水を排出し行われた調査では、貝類や獣骨、クリ・トチ、ヒョウタン、エゴマなどの植物遺体といった自然遺物や、土器、編み籠、漆製品など多様な生活痕跡が検出された。特にクリ塚は、滋賀県内でも最古級の居住痕跡とされている。

　ほかにも琵琶湖底には縄文時代の遺跡が数多く認められ、特に中期後半頃から琵琶湖の水位低下が急速に進み、環境の悪化によって湖辺の集落が衰退し、代わって湖北の集落が大いに繁栄した可能性が指摘されている。なお、貝塚に限れば、瀬田川沿いで戦前より調査が行われ、縄文早期から前期とされる石山貝塚（大津市）や螢谷貝塚（大津市）、また縄文後晩期前半の近畿地方における標識遺跡である滋賀里遺跡（大津市）などに小規模貝塚が認められているほかには、発見されていない。

松原内湖遺跡
（まつばらないこ）

*彦根市：佐和山の北西麓に位置する松原内湖の湖底（標高約82m）に立地 **時代** 縄文時代後期

　1985年より断続的に調査が行われ、縄文時代当時の汀線付近から、11隻を超える丸木舟が出土した。また、縄文晩期末から弥生時代初頭の遺物も共伴して出土している。

　これまでに琵琶湖周辺の遺跡では、丸木舟が20隻以上発見されており、入江内湖遺跡（米原市）の5隻の丸木舟は鳥浜貝塚（福井県）出土資料とともに全国的にも最古級と評価されている。また長命寺湖底遺跡（近江八幡市）は江戸時代に木内石亭が湖中から石鏃を採集した遺跡だが、縄文晩期の丸木舟が検出されている。これらの丸木舟の存在は、発見された標高から当時の湖水位を推定する手掛りともなるため、貴重である。

I　歴史の文化編　**13**

烏丸崎遺跡
（からすまざき）

＊草津市：琵琶湖の南、東岸に位置する烏丸半島、標高約95mに立地　**時代** 縄文時代晩期〜弥生時代中期

　1982年から90年にかけて断続的に発掘調査が行われた。弥生時代前期の竪穴住居跡、掘立柱建物、土坑などが検出されたほか、弥生時代中期の玉作工房跡や200基以上の方形周溝墓などが認められている。縄文時代晩期末の突帯文系土器も発掘されており、それらを用いていた集団の継続性が示唆され、木製農耕具や水田跡などは認められないものの、大陸系磨製石器、石包丁などの存在から、近江地方における最古級の稲作文化の受容を示す遺跡として注目される。

　また、弥生時代前期後葉と考えられる地震による噴砂の痕跡が発見された。地震以降この地域がいったん放棄され、別の地点へ移住した可能性も指摘されている。こうした噴砂はほかの遺跡でも発見されており、北仰西海道遺跡（高島市）は縄文時代晩期初頭の痕跡が、針江浜遺跡（高島市）では弥生時代前期末から中期初頭の噴砂や倒木痕も検出され、その後集落が放棄されたと考えられている。なお、水田遺構は水深約1.2mの湖底より発見された、弥生時代中期の大中の湖南遺跡（近江八幡市・東近江市）の事例が著名であり、矢板や杭列で護岸された畦畔や木製の鍬・鋤などの農具や丸木舟、網などの漁撈具、稲の穂束も検出されている。

大岩山遺跡
（おおいわやま）

＊野洲市：琵琶湖東岸、大岩山の中腹、標高約120mに位置　**時代** 弥生時代

　1881年に14口の銅鐸が発見され、その後1962年の東海道新幹線建設に伴う土取り工事でさらに10口の銅鐸が出土し、計24口もの銅鐸の埋納遺構が検出され、全国的に見てもきわめて稀有な遺跡である。いわゆる三遠式と近畿式の2種類の銅鐸が検出されており、地域的な結節点としての関係性をとらえるうえで貴重な遺跡といえる。

瓢箪山古墳
（ひょうたんやま）

＊近江八幡市：湖東平野の東端、繖山の西麓端標高約100mに位置　**時代** ＊古墳時代前期　**史**

　1935年に前方部で箱式石棺が2基発見され、翌年には後円部から竪穴式石室が3基検出された。全長162m、後円部径90mで滋賀県内最古級、最大の前方後円墳である。墳丘には埴輪も確認されている。副葬品としては、箱式石棺の1基からは、石釧、勾玉、管玉などが出土し、竪穴式石室（全長6.6m、幅1.3m）からは、鏡、鍬形石、石釧、車輪石、管玉、小剣などが検出されている。石室には斧、鎌、短甲のほか、筒形銅剣、刀剣、銅鏃、鉄鏃も認められている。近江の古墳出現期における大和政権との関わりを

知るうえで重要な古墳といえよう。

皇子山古墳
（おうじやま）
＊大津市：比叡山系の端、独立丘陵の標高150m前後の山頂に位置　時代 古墳時代前期　史

　1970年の調査により、全長60m、後方部幅35mの前方後方墳であることが明らかになった。後方部に4基の墓坑、前方部に1基の粘土槨が確認された。琵琶湖側にのみていねいな葺石が施され、近江最古級の首長墓と評価されている。東に約25mの位置には皇子山2号墳（円墳）が位置しており、近江における首長墓の意義を考えるうえで貴重な古墳といえる。

近江大津宮錦織遺跡
（おうみ おおつのみやにしこおり）
＊大津市：比叡山系の東麓、標高約100mに立地　時代 飛鳥時代　史

　1974年以来、滋賀県教育委員会が断続的に調査を実施し、大型の柱穴をもつ掘立柱建物跡などが検出されている。建物は、東西4間以上、南北1間以上の門跡をはじめ、この門から東へと伸びる回廊も確認されている。これらの遺構は建物の主軸方向を真北にとっており、相互に関連するかたちで整然と配置されることから、官衙の構造を示唆するものと考えられている。こうした錦織地区の調査によって、天智天皇が667（天智6）年に飛鳥から遷都した大津宮の中枢域の様相が次第に明らかになりつつある。

唐橋遺跡
（からはし）
＊大津市：琵琶湖の南端、瀬田川の川底（標高約81m）に立地　時代 古代〜近世

　現在の瀬田唐橋下流、約80m付近の河床にあたり、潜水調査により並行に並べた丸太材の上に、角材を六角形に組み合わせ、さらに角礫を盛り上げて構築された遺構が検出された。木材の年輪年代測定や共伴する遺物の年代から、いわゆる672（天武元）年の「壬申の乱」の舞台となった勢多橋の橋脚遺構であると評価された。遺構近辺からは、ほかにも構造の異なる橋脚遺構が認められ、それらは奈良時代、鎌倉時代、室町時代、江戸時代のものであると考えられており、各時代の土木技術を理解するうえで、貴重な資料といえる。

近江国庁跡
（おうみ こくちょうあと）
＊大津市：小高い段丘上標高約109mに位置　時代 奈良時代　史

　1963年、65年に発掘調査が行われ、外郭と築地で囲まれた内郭の二重構造からなることや、瓦積基壇の正殿、後殿が南北に並置され、その両脇に脇殿が配されていることが明らかとなった。地方政治における政庁の構造が初めて明らかにされたことで、以後の政庁研究にも大きな影響を与えた。1973年には国指定史跡となる。近隣の地域でも関連する遺構が検

I　歴史の文化編　15

出されており、国庁跡から南東約500mに位置する惣山遺跡では大型倉庫群が認められたほか、青江遺跡では、築地に囲まれたなかに掘立柱から礎石建物へ建て替えられた3時期の建物跡を検出しており、地方官衙の実態を明らかにするうえで貴重な遺跡といえる。

紫香楽宮跡（しがらきのみやあと）

＊甲賀市信楽町：大戸川東岸、独立丘陵の標高約290mに位置　時代　奈良時代　史

　1923年の東京帝国大学教授黒板勝美の踏査により礎石の存在は明らかとなっていたが、1930年に肥後和男が発掘調査を実施し、塔跡、塔院回廊などを検出、西側には金堂や講堂、経蔵などを配置した東大寺式寺院跡であることが判明した。聖武天皇が遷都した宮都であり、いわゆる「大仏造立の詔」により、甲賀寺において大仏造立に着手したが、平城京への還都により放棄されたことでも著名である。

穴太遺跡（あのお いせき）

＊大津市：琵琶湖西岸、比叡山脈の麓、標高約110mに位置　時代　飛鳥時代

　1982年よりバイパス建設や住宅開発に伴って調査が実施され、縄文時代後期の原生林や竪穴住居跡、また縄文時代晩期の墓地、弥生時代中期の集落跡などを検出した。また、古墳時代中期以降の集落、飛鳥時代の集落や、いわゆる朝鮮半島の暖房施設であるオンドルと思われる遺構も検出されている。また、穴太廃寺は建物（塔・金堂など）が遺存しており、ほかに瓦窯跡も検出されている。近くには、衣川廃寺跡も存在し、金堂跡は東西18m、南北15m規模で、ここからも瓦窯跡が寺域の南端より検出されている。創建は飛鳥時代末と考えられるが、軒瓦より7世紀末には焼失し、廃寺になったとされている。こうした寺院跡は、古墳群や古代豪族の分布とも対応しており、その実力と勢力の範囲をうかがい知る手掛りとなろう。近年、大陸系とされる横穴式石室をもつ古墳が検出されている。

弘川遺跡（ひろかわ いせき）

＊高島市今津町：石田川の南方、饗庭野丘陵の東北端、標高約112mに立地　時代　奈良時代

　1976〜77年の調査で、門跡が発見され、2条の溝による区画中に倉庫と考えられる掘立柱建物群が30棟検出された。建物は5期にわたって増改築されており、おおむね8世紀後半〜10世紀にかけて造営されたものと考えられる。遺物としては、土師器、須恵器、緑釉陶器、風字硯などが出土している。遺跡の立地からは、若狭街道が遺跡南端を通る交通の要衝の地であり、高島郡善積郷の郷倉の性格をもった官衙遺跡と見られている。

尚江千軒遺跡
（なおえせんげん）

＊米原市：琵琶湖北湖の東岸、岸辺より900m程度の範囲の湖底に立地　**時代** 古墳時代～鎌倉時代

　1998年より滋賀県立大学によって断続的に調査が行われている湖底遺跡。琵琶湖には自然災害によって水没したとされる水没村の伝説が多数あり、特に湖北（北湖）には10カ所以上の遺跡の存在が確認されている。この遺跡は1325（正中2）年の地震によって、1,000軒あまりの集落が沈んだとされ、湖底に井戸跡などが見られるなどの言い伝えもあった。これまでの調査の結果、水面下約3m（標高約84m）の湖底に、7～8世紀の横穴式石室の一部と考えられる石群や中世の土師器皿、山茶碗、常滑の鉢などが引き上げられている。湖底下の地盤調査も行われ、地滑り痕跡と思われる状況も認められていることから、伝説の信憑性が高まったといえよう。

安土城跡
（あづちじょうあと）

＊近江八幡市：琵琶湖の東岸、繖山に連なる山塊、標高約196mの山頂に立地　**時代** 戦国時代　　　　　　　　　　　　**史**

　織田信長が1575（天正3）年より築城を始め、おおむね6年をかけて造営された、天主（天守）をもつ近世城郭の嚆矢とされる城であり、特に高石垣の技術は特筆される。なお石材は安土山から産出する流紋岩を主体としている。発掘調査が断続的に行われており、安土山麓の家臣団屋敷から天主まで、石垣や虎口など防御意識をもった城郭としての構造をもっていることが判明している。また、中世城郭では居住空間ではなく、防御施設としての「山城」であったため、建物は小規模かつ簡易なものであったが、安土城では礎石建物となり、より公的かつ象徴的な空間の役割を城郭が果たすようになったことがうかがわれる。この安土城をモデルとして、琵琶湖沿岸には長浜城、膳所城をはじめとする織豊系城郭が造営され、後の近世城郭および城下町の構造が確立されていくことになる。国特別史跡。

国宝／重要文化財

十一面観音立像

地域の特性

　近畿地方の北東部に位置する内陸県である。本州のほぼ中央に位置し、北東側を伊吹山地、東側を鈴鹿山脈、西側を比良山地で取り巻かれて、中央に琵琶湖がある。「湖の国」、そして「近つ淡海」から転じて近江といわれるように、琵琶湖は政治・経済・文化のさまざまな分野に根本的な役割を果たしてきた。湖南地方は野洲川の沖積平野が広がり、農村地帯であるとともに、東海道の宿場町、琵琶湖水運の港町として繁栄した。近年は京阪神大都市圏内に含まれるようになった。湖東地方には近江盆地が広がり、古くから肥沃な稲作地帯として知られ、また近江商人の活躍でも有名である。湖北地方は日本海型の気候で積雪量が多い。人口は少ないが、地場産業の琴糸・三味線糸、扇骨、織物などがあり、近代工業も盛んである。

　琵琶湖の湖底で縄文時代の貝塚が調査され、琵琶湖と人間との密接な結びつきが改めて注目された。大化改新を断行して諸改革を進めた天智天皇は、朝鮮半島の白村江の戦いで敗れた後、667年に大津京へ遷都した。また奈良時代に聖武天皇は紫香楽宮に遷都したが、いずれの遷都も短期間だった。最澄が比叡山で788年に小堂を建立して比叡山寺が始まり、後に延暦寺となった。入唐した円珍が858年に帰国し、持ち帰った膨大な経典類を園城寺（三井寺）に収蔵した。中世には近江源氏佐々木氏の一族が繁栄した。戦国時代になると浅井氏が台頭したが、織田信長が侵入して比叡山を焼き討ちし、新旧勢力をことごとく平定した。江戸時代には井伊氏の彦根藩30万石のほかに、七つの小藩と天領があった。明治維新の廃藩置県で多数の県が置かれ、隣接県との統廃合の後、1881年に現在の滋賀県ができた。

国宝／重要文化財の特色

　美術工芸品の国宝は33件、重要文化財は601件である。建造物の国宝は

18　　凡例　　●：国宝、　：重要文化財

22件、重要文化財は163件である。全国で4番目に国宝／重要文化財の多い県である。最澄が比叡山に寺を建立した頃、近江の山々では山岳宗教が盛行し、仏と神を崇敬する基盤ができていた。比叡山延暦寺や園城寺をはじめ、多数の寺院・神社に文化財がある。寺院の強力な財力と時の権力者の帰依に支えられて、美麗な寺宝が集まった。しかし権力者との争乱に敗北して延暦寺が焼かれたり、あるいは明治維新の廃仏毀釈で日吉大社が荒らされたように、一部の文化財が無残に破却された時期もあった。

◉十一面観音立像
（じゅういちめんかんのんりゅうぞう）

長浜市の渡岸寺観音堂（向源寺）の所蔵。平安時代前期の彫刻。檜の一木造による像高195cmの観音像で、頭上に仏の小さな頭部である11の小面をもつ。もとは比叡山の空海が801年に7堂伽藍を建立し、真言宗寺院として光眼寺と称していたが、1570年に浅井氏と織田氏による戦火で堂宇が焼失し、寺領も没収されて廃滅となった。兵火が堂宇を襲うと、住職の巧円と住民たちが猛火の中、観音像を搬出し、やむなく土中に埋めて難をまぬがれたと伝える。その後巧円は真宗に改宗し、光眼寺を廃寺にして向源寺を建て、また小さな別堂を建てて観音像や大日如来像を秘仏として安置した。現在は隣接する慈雲閣（収蔵庫）に観音像と大日如来像が安置され、住民たちの組織する保存協賛会が維持管理している。頭上をぐるりとやや大きな6面の小面が宝冠のように回り、両耳の後ろにそれぞれ狗牙上出面と瞋怒面、後頭部に大笑面があり、そして頭頂には小さな立像1体と、ひときわ大きい菩薩面1面が配されている。大きな小面、耳璫という大ぶりな耳飾り、腰を左にくねらせた豊麗な姿態などは大陸的様相を示し、天台宗の影響を色濃く表す密教像とされている。

◉法華経序品
（ほけきょうじょほん）

長浜市の宝厳寺の所有。平安時代後期の書跡。宝厳寺は、琵琶湖に浮かぶ周囲約2kmの小さな島の竹生島に所在する。竹生島は古来観音信仰と弁才信仰の盛んな神仏習合の霊場で、歴代武将たちからも深く崇敬された。平清盛の甥にあたる平経正が竹生島を詣でて島の景色を堪能し、琵琶を奏でた話が平家物語にある。また室町時代の能には、老人と若い女性が登場して弁才天信仰を語る幽玄な竹生島の謡曲がある。箏曲、長唄、常磐津節にも竹生島を題材とした楽曲があり、弁才天が芸能神であるため、竹生島に関する演芸は非常に多い。1558年の大火で伽藍が焼失すると、1602年に豊臣秀頼が再興し、豊国廟から建物と門を移築してそれぞれ弁天堂と宝厳寺の唐門にしたという。

Ⅰ　歴史の文化編　19

弁天堂は、明治維新の廃仏毀釈で都久夫須麻神社本殿となったが、この二つの建造物は、桃山美術の粋を集めた豪華絢爛な装飾が施されていて、現在国宝となっている。豊国廟ではなく、大坂城の北の丸と二の丸をつないでいた極楽橋を移築したとする説が最近提案されている。そのほかにも国宝／重要文化財に指定されている建造物や寺宝が多数ある。法華経は竹生島に伝来したので竹生島経と呼ばれ、28品（章）のうち最初の章の序品が宝厳寺に、2番目の章の法華経方便品が東京国立博物館にある。染め色のない料紙に、金銀泥で蝶、鳥、鳳凰、宝相華、草花、蕨、雲などの下絵を大きく描き、金泥で界線を施し、墨で経文を書く。装飾下絵経の代表で、書は平安時代後期の流麗な書風を示す。江戸時代に筆者は源俊房（1035〜1121年）とされたが、自筆日記と別筆なので、現在は否定されている。東京国立博物館所蔵の法華経が、いつ頃宝厳寺から流れ出たのかは不明である。

◎近江名所図　大津市の滋賀県立近代美術館で収蔵・展示。室町時代後期の絵画。琵琶湖西岸の名所を、東から四季の景色に織り交ぜて描いた16世紀の六曲一双の屏風である。右隻の右上方に雪を頂いた比良山、右中央に小松の松原、右下方に白髭神社の湖上の鳥居、その左側に真野の入江、中央には堅田の町並みと湖中に突き出た浮御堂、左上方に比叡山、左下方に船着場がある。左隻では右上方に日吉大社と、上に山型を付けた独特な形の山王鳥居、右下方に坂本の町並みと七本柳、中央に唐崎神社と松、左上方に白川越え（志賀の山越え）と三井寺の鐘楼がある。堅田と坂本の町並みおよび船着場では、行き交う人々の賑やかな様子がうかがえる。湖上では荷物を積んだ舟、旅装の男女を乗せた舟などが多く往来し、また湖上の小さな東屋に坐して四手網漁をする漁師の姿も見える。一般民衆の生活が生き生きと描かれ、山形県の上杉本洛中洛外図屏風に近い人物表現が見受けられて、作者を狩野永徳とする説もある。

●風俗図　彦根市の彦根城博物館で収蔵・展示。江戸時代前期の絵画。彦根藩の井伊氏に代々伝わったことから彦根屏風と呼ばれる。遊里に集う人々が描かれ、寛永年間（1624〜44年）に制作されたと考えられている。右側に室外の4人、中央から左側に室内の11人、合計15人が登場し、それぞれの人物が相呼応するような位置関係でありながら、全体で均整のとれた群像をかたちづくる。文雅の士が楽しむ四つの遊びとい

う琴棋書画の中国風のテーマが組み入れられ、琴には琉球より伝来した新しい楽器三味線、棋には双六、書には遊女が書き遊客が読む手紙（恋文）、画には室内調度の屏風絵があてられている。また、南蛮貿易でもたらされた煙草やペットの洋犬、華やかな小袖も描き込まれ、高い教養を必要とし、流行の発生源だった遊里の様子を伝える。細部の描写はきわめて精密である。髪の生え際やほつれ毛、着物の輪郭線や折目の線、絞り染めの花や雪輪の文様、煙草盆の細かい装飾、さらには双六盤や脇息にも木目の年輪を事細かく執拗に描き、生々しい実体感を与える。無機質な金箔の背景は硬質な印象を演出し、人物たちはどことなく虚ろで冷めた表情を示す。江戸幕府の支配体制が強化され、奔放な気風が失せつつあった時代の閉塞感を暗示しているのである。

◎雨森芳洲関係資料

高月町の東アジア交流ハウス雨森芳洲庵で収蔵・展示。江戸時代中期の歴史資料。対馬藩の儒者として隣国朝鮮との親善外交に貢献した雨森芳洲（1668〜1755年）に関係する資料である。北近江の有力な土豪であった雨森氏は、戦国武将の浅井氏に仕えていたが、浅井氏滅亡とともに没落し、雨森芳洲の父は京都で町医者を開業していた。父没後18歳頃に江戸に出て、木下順庵に入門して儒学を修めた。22歳の時に順庵の推挙で対馬藩に仕え、26歳で対馬に赴任。31歳の時に朝鮮外交を担当する朝鮮御用支配役の補佐役となり、35歳で初めて朝鮮に渡った。44歳（1711年）と51歳（1718年）の時に朝鮮通信使に随行し、対馬藩真文役（文書役）として幕府と朝鮮側とのさまざまな交渉に努力した。対馬で88歳で没すると、関係資料が子孫によって伝えられ、1925年に高月町の顕彰団体である芳洲会に寄贈された。著述稿本類、文書・記録類、書状類、肖像画など123点が重要文化財となった。長年にわたって中国語・朝鮮語を学んだ雨森は、民族間に文化上の優劣はないと考え、相手国の歴史や文化、作法などをよく理解し尊重して、誠信の交わりを行うべきだと主張した。彼の外交思想は、今日でも欠くことのできない重要な指針といえるだろう。

◎長浜祭鳳凰山飾毛綴

長浜市の曳山博物館で収蔵。絵柄を写した陶版を展示。西洋／16世紀後半の工芸品。ベルギーのブリュッセルで製織されたタペストリーである。長浜は豊臣秀吉によって形成された城下町で、祭礼の山車である曳山で狂言や歌舞伎を演じる曳山祭が、秀吉の頃から始まった。曳山には高欄のめぐる4畳半ほ

Ⅰ　歴史の文化編　　21

どの舞台があり、上部は趣向を凝らした楼閣造で、後方の背面に豪勢な見送幕がかけられる。山組の名称の付いた曳山が12基あり、そのうち鳳凰山と翁山の曳山に、見送としてかけられた古いタペストリーが重要文化財となった。鳳凰山のタペストリーは、京都祇園祭の鶏鉾の見送幕である祇園会鶏鉾飾毛綴、および靄天神山の前掛と本来一体となっていたのを切断したものだった。絵柄は、ギリシャ詩人ホメロスの『イリアス』に登場する有名な場面で、トロイア戦争で出陣するトロイアの王子ヘクトルと、妃アンドロマケ、幼子アステュアナクスとの別れの様子を描いている。鳳凰山のものは妃が手を広げ後方に侍女たちの控える右側部分で、鶏鉾のものは王子と歩み寄る幼子を描いた左側部分である。鳳凰山組はタペストリーを1817年に200両で京都から入手したのだが、西洋から日本へ伝わった経路は不明である。

●石山寺多宝塔

大津市にある。鎌倉時代前期の寺院。1194年に建立された現存最古の多宝塔で、バランスのとれた優美な姿をしている。多宝塔は平安時代に密教の伝来とともに出現した下重方形・上重円形の二重塔で、空海が創建した高野山金剛峯寺の大塔を小型・簡略化したものである。下重の方形は裳階で、円形の塔に裳階を付け、裳階の屋根の上にある漆喰塗の白色円形の亀腹が、母屋頂部の名残である。法華経第11見宝塔品の仏説によると、多宝塔に多宝如来と釈迦如来が同席しているのだが、真言宗では密教の大日如来を祀る。石山寺多宝塔の下重は軸部が低くて横に広がり、亀腹も低く大きい。上重は軸部が細く軒がゆるやかに長く流れている。内部は四天柱内に須弥壇を設け、快慶作の金剛界の大日如来坐像を安置している。四天柱の省略や須弥壇の後退がなく、古い様式を示す。

●西明寺本堂

甲良町にある。鎌倉時代前期の寺院。建立当初は方5間であったが、室町時代前期に方7間の大堂に拡張された。正面は蔀戸、側面は前方から3間が板扉、ほかの多くは白壁で純和様の外観である。内部は前面3間が外陣で、中央2間に内陣、背面2間が後陣となっている。外陣の周りには縁が回り、扉が開放されると、外陣内部は明るい空間となる。この建造物は双堂の名残をとどめている。初め仏堂は単独で建てられていたが、仏の空間である金堂に、礼拝者のための礼堂を並べて建てる双堂が平安時代に一般的となった。鎌倉時代以降、広い空間をつくり出す建築技術の発展により、金堂と礼堂を一つの屋根でお

おう本堂が建てられるようになった。西明寺本堂の屋根裏の小屋には、初期に計画された双堂の上にかけられた屋根の一部が残されている。本堂南側にある三重塔は鎌倉時代後期のもので、初重内部には大日如来坐像が安置されている。四天柱に金剛界32菩薩像、天蓋の折上小組格天井や長押に花鳥、壁に法華経28品の場面が極彩色で描かれる。荘厳な密教的世界を示す密教特有の塔内部である。

◉日吉大社西本宮本殿及び拝殿

大津市にある。桃山時代の神社。日吉大社は古く土着の地主神を祀り、比叡山に延暦寺が建立されると、天台宗守護の護法神、また山王権現として崇敬された。織田信長の焼打後、西本宮が1586年、東本宮が1595年に再建された。それぞれ本殿は日吉造または聖帝造という独特なもので、正面3間、側面2間の母屋に、前と左右の三方に一段床の低くなった庇をめぐらせて、全体で桁行5間、梁間3間となっている。正面に向拝の付く入母屋造だが、背面に庇がないので、左右の庇の部分を縋破風でおさめる特異な屋根である。本殿の前に方3間、入母屋造の妻入りで、柱間に壁のない四方を吹き放して開放された拝殿がある。明治維新の廃仏毀釈が、この神社から端を発したことで有名である。

◉延暦寺根本中堂

大津市にある。江戸時代前期の寺院。延暦寺は天台宗の総本山で、織田信長の焼打後、本堂の根本中堂が1640年に再興された。桁行11間、梁間6間の入母屋造の広大な建造物である。根本中堂は一乗止観院と称され、最初は薬師堂、文殊堂、経蔵の3棟の総称だったが、次第に拡大され、938年の再建時には11間の堂となり、978年頃には回廊や広庇が加わりほぼ現在の規模となった。平面構成は天台宗本堂の古制を伝え、後方4間を内陣、中1間を中陣、前方1間を外陣に分けている。外陣と中陣は礼拝者用の礼堂となる板敷で、中陣は1段床が高い。対する内陣は床を低くした四半敷の石土間である。内陣中央に本尊薬師如来の瑠璃壇、左に祖師壇、右に毘沙門壇がある。近世の再建だが、平安時代の原形がうかがえる。

Ⅰ　歴史の文化編　　23

☞ そのほかの主な国宝／重要文化財一覧

	時　代	種　別	名　　称	保管・所有
1	弥　生	考古資料	◎銅鐸（野洲市大岩山出土）	安土城考古博物館
2	古　墳	考古資料	◎新開古墳出土品	安土城考古博物館
3	飛　鳥	彫　刻	◎銅造聖観音像	慈眼寺
4	奈　良	彫　刻	◎金銅誕生釈迦立像	善水寺
5	奈　良	彫　刻	◎木造薬師如来立像	鶏足寺
6	奈　良	工芸品	◎梵鐘	竜王寺
7	奈　良	典　籍	●大般若経	太平寺
8	奈　良	考古資料	●崇福寺塔心礎納置品	近江神宮
9	平　安	絵　画	●絹本著色不動明王像（黄不動尊）	園城寺
10	平　安	彫　刻	◎木造十一面観音坐像	櫟野寺
11	平　安	彫　刻	●木造智証大師坐像（御廟安置）	園城寺
12	平　安	工芸品	●宝相華蒔絵経箱	延暦寺
13	平　安	典　籍	●延暦交替式	石山寺
14	平　安	古文書	●伝教大師将来目録	延暦寺
15	鎌　倉	絵　画	◎絹本著色六道絵	聖衆来迎寺
16	鎌　倉	絵　画	◎絹本著色地蔵菩薩像（岩坐地蔵菩薩）	浄信寺
17	鎌　倉	絵　画	◎絹本著色聖徳太子像	観音寺
18	鎌　倉	彫　刻	◎厨子入銀造阿弥陀如来立像	浄厳院
19	鎌　倉	彫　刻	◎木造愛染明王坐像（本堂安置）	舎那院
20	鎌　倉	彫　刻	◎木造御神像	佐和加刀神社
21	鎌　倉	工芸品	●金銀鍍透彫華籠	神照寺
22	鎌倉〜江戸	古文書	◎菅浦文書	須賀神社
23	鎌倉〜江戸	歴史資料	◎葛川明王院参籠札	明王院
24	南北朝	絵　画	◎絹本著色佐々木高氏像	勝楽寺
25	南北朝	彫　刻	◎塑造寂室和尚坐像（開山堂安置）	永源寺

（続き）

	時　代	種　別	名　　　称	保管・所有
26	南北朝	工芸品	◎刺繍種子幡	石道寺
27	室　町	絵　画	◎紙本著色光明真言功徳絵詞	明王院
28	室　町	絵　画	◎紙本著色桑実寺縁起（絵土佐光茂筆）	桑実寺
29	室　町	工芸品	◎鉄鐔（伝織田信長所用）	安土城考古博物館
30	桃　山	絵　画	◎勧学院客殿障壁画	園城寺
31	桃　山	絵　画	◎絹本著色豊臣秀吉像	西教寺
32	桃　山	工芸品	◎日吉山王金銅装神輿	日吉大社
33	江　戸	絵　画	◎紙本墨画淡彩楼閣山水図（曽我蕭白筆）	近江神宮
34	中国／唐	絵　画	●紙本墨画五部心観	園城寺
35	中国・日本／唐・平安	古文書	●智証大師関係文書典籍	園城寺
36	奈　良	石　塔	◎石塔寺三重塔	石塔寺
37	平安後期	寺　院	●石山寺本堂	石山寺
38	鎌倉前期	寺　院	●長寿寺本堂	長寿寺
39	鎌倉後期	神　社	●苗村神社西本殿	苗村神社
40	室町前期	寺　院	●金剛輪寺本堂	金剛輪寺
41	室町前期	寺　院	●常楽寺本堂	常楽寺
42	室町中期	神　社	●大笹原神社本殿	大笹原神社
43	室町後期	寺　院	●長命寺本堂	長命寺
44	室町後期	神　社	◎油日神社本殿	油日神社
45	桃　山	城　郭	●彦根城天守、附櫓及び多聞櫓	彦根市
46	桃　山	神　社	●都久夫須麻神社本殿	都久夫須麻神社
47	桃　山	住　宅	●勧学院客殿	園城寺
48	江戸中期	民　家	◎旧西川家住宅（近江八幡市新町）	近江八幡市
49	明治〜大正	住　居	◎旧伊庭家住宅（住智活機園）	住友林業
50	大　正	住　居	◎蘆花浅水荘	記恩寺

Ⅰ　歴史の文化編

彦根城天守

城郭

地域の特色

　滋賀県は近江国である。県内には城郭史上名高い城や事跡が多い。

　古代には紫香宮、大津宮が置かれ、醒ヶ井神籠石、観音寺山には朝鮮式山城築城説がある。近江は京への東と北からの入口にあたる。東海道、北陸道がこれである。琵琶湖東岸には長浜城、小谷城、彦根城、安土城、佐々木観音寺城、近江八幡城、水口城、日野城、膳所城、大津城が築かれ、北国道、東海道と在郷道がこれらを監視、また琵琶湖の監視にあたっていた。このうち長浜・彦根・安土・膳所・大津には湖上交通の港が営まれた。

　琵琶湖東岸で最も注目されるのは安土城と長浜城である。安土城は日本の近世城郭の創始である。とりわけ、城が戦闘目的でなく「見せる城」として大手を幅広い石段で登城させ、左右の石垣と城構えで入城者を圧倒させた。天主は五層七階造りで、一般に天守と記すが、安土城だけ天主と記す。日本の城の概念を大きく変える独創的なつくりだったのである。長浜城は湖西と湖東を結ぶ港が城中に接し、城は湖上にせり出す構えだった。近世になり、長浜城に代わり彦根城が湖水上に築かれ、港（船溜りと桟橋）が城の西側に営まれた。

　中世武士の館遺構も朽木氏館・信楽小川城、河瀬城にみられる。とりわけ朽木氏館には室町期に作庭された枯山水庭が朽木谷風景を背後に臨む借景とする。南北朝期から室町期に築かれた山城に箕作山、観音寺城、音羽城、小谷城、壺阪山城がある。

　近江には日本中の城石垣の構築を担った、坂本の石工集団、馬渕岩倉の石工集団があった。安土築城に坂本、馬渕岩倉の石工が駆り出されたのが始まりだというが、湖東では湖東三山の寺院をはじめ、観音寺山城、小谷城、近江八幡城に石垣が用いられ、湖西では大溝城、坂本城などには安土築城前後とみられる石垣が用いられている。いずれにせよ、戦国期からみられる城石垣と天守建築の発生は近江と深い関係にあるといえる。

主な城

安土城 　**所在** 近江八幡市安土町下豊浦　　**遺構** 石垣　　**史跡** 国特別史跡

　織田信長は、永禄6 (1563) 年に清洲城から小牧山城に移り、同10 (1567) 年、美濃の斎藤氏を滅ぼし岐阜城を本拠とし、天正元 (1573) 年には将軍義昭を追放した。そうして築いたのが安土城である。

　城地安土山は、佐々木六角氏歴代の観音寺山の一支脈にあたる。琵琶湖に半島状に突出した小丘で、湖水面より110mある。また、観音寺の出城があったらしい。この地は岐阜と京都を結ぶ中間ともいえる。

　天正4 (1576) 年正月頃より丹羽長秀を総奉行として着工、4月より石垣を築き、天守を築く準備にかかっている。尾張、美濃、伊勢、三河、越前、若狭および畿内の諸侍と、京都、奈良、堺の大工、諸職人が動員された。

　同7 (1579) 年8月、完成し、天守を中心として本丸、二の丸、三の丸を設け、要所々々には堡塁を築き、近臣の屋敷が建てられた。山麓には湖水を取り入れた二重の堀を廻らせ、その堅固さ、壮麗さは信長の武威を示すに十分であったという。築城と並行して城下町建設が行われ、城下町築営奉行として丹羽長秀、織田信澄があたっている。天正5 (1577) 年6月、13カ条よりなる安土山下町中掟書が出され、町民は自由と安全を保障され、市場はすべて楽市とした。安土城天主は穴蔵一階を含む五層七階、史上、画期的なものとして知られ、『信長公記』がそれを伝えている。当代美術の粋を集め、その絢爛さは目映いほどで、座敷の内はことごとく黒漆塗とされ壁や襖は狩野永徳に絵をかかせ、屋根瓦の凹部には金が塗られた。城郭建築を通じ、建築、絵画など桃山文化の先駆となった安土城も、完成の3年後、本能寺の変で焼失した。

宇佐山城　**別名** 志賀城　　**所在** 大津市錦織町　　**遺構** 石垣、土塁

　元亀元 (1570) 年4月、越前に攻め入った信長は、浅井長政の離反により越前金ヶ崎から軍を引き、5月に京都より岐阜への帰路宇佐山城を築いて森三左衛門可成に守らせた。同年8月、浅井・朝倉の連合軍が西近江路を南下、宇佐山城に迫った。織田九郎信治、森可成を将として当初城は容易に落ちなかったが、多勢に無勢、出撃した可成と信治が打って出て戦死し、

Ⅰ　歴史の文化編　　**27**

落城した。同月20日のことで、連合軍によって京都周辺の村々も焼き払われた。信長はただちに出撃、連合軍は比叡山に拠り、宇佐山城は信長の本陣となった。信長自身、長島一向一揆など、四面楚歌であり、連合軍も兵糧に欠乏して和議となった。比叡山焼討の前年である。明智光秀が坂本城に入るまで居城とした。

大津城　<small>おお つ</small>　**所在** 大津市浜大津　**遺構** 城門（移建）

天正10（1582）年明智光秀の居城、坂本落城による坂本湊町の衰微は、大津の発展に輪をかけた。同（1585）13年、秀吉の命をうけた浅野長政が坂本城の遺構を移し、城下町をも完成させた。本丸は今の琵琶湖船乗場付近で、四層五階の天守が湖に映っていた。長政の後、増田長盛、新庄直頼を経て文禄4（1595）年京極高次が入城、関ヶ原の戦いには東軍につき、3500の兵をもって4万7千という西軍を相手に戦った。大津籠城戦である。9月3日から12日間、必死の抗戦を続けた高次は15日に開城、三井寺の雲行院に入った。このとき、関ヶ原では東軍が勝利を収めていた。高次は高野山に謹慎していたが、12日間も大軍を引きつけた功を賞され、若狭小浜9万2千石を与えられた。

大溝城　<small>おおみぞ</small>　**別名** 高島城、大溝陣屋　**所在** 高島市勝野　**遺構** 城門、御殿（移建）、長屋門（現存）

高島郡を平定した信長は、浅井氏の降将磯野丹波守員昌に支配させ、員昌は新庄城を居城とした。また、員昌には子がなく、信長の弟勘十郎信行の子七兵衛信澄を養子としていた。

天正7（1579）年員昌は信長の叱責をうけ、処分を恐れて失踪、信澄が後を継いだ。この信澄が大溝城を築いて移るが、縄張は明智光秀によった。信澄が光秀の娘を妻に迎えたことによる。同10（1582）年、信澄は大坂城にて四国征伐の待機中、明日は出発という6月1日、本能寺の変が起こった。この四国攻めは、織田（神戸）信孝が大将で、信澄、丹羽長秀が副将格であった。長秀は信孝と相談のうえ、信澄を攻めた。そのとき、信澄の兵は城外にあり、守る者もなく、信澄は自害したという。

信澄の死後、高島郡は丹羽長秀が治めるところとなり代官植田重安が入城。賤ヶ岳の戦い後、長秀は柴田勝家の旧領越前北庄に移り、加藤光泰が入る。光泰は三木城攻め、山崎合戦などの軍功で2万石の城主となった。

小牧・長久手の戦い後、光泰は大垣4万石に転じ、生駒親正が入城、1年で親正が伊勢神戸城に移封されると、京極高次が大溝2万石の城主となる。高次の在城は天正14〜18（1586〜90）年である。高次の前後から約30年、天領時代を除いて、浅野長政、新庄直頼、上杉景勝、丹羽長重などの支配地となり、城代が入城する。

元和5（1619）年分部光信が伊勢上野城から2万石で入封、旧大溝城に陣屋を構えた。光信の父光嘉は伊勢平定の軍を進める信長に対し、信長の弟信包を工藤氏の養子とすることで、和平交渉を成功させている。

大手前一帯に武家屋敷、北、中、南の三つの町を郭内とした。十代相続いて明治に至った。

小谷城 （おだに） 所在 長浜市湖北町伊部　遺構 石垣、土塁、堀切　史跡 国指定史跡

北陸本線虎姫駅と高月駅の間、その雄姿を横たえる小谷城は海抜299m、今も山頂に詰の城、山腹や支峰、尾根にはいくつもの曲輪が雑木林として在している。

城主浅井氏の出自については種々あるが、大きく分けて二つの説がある。一つは正親町三条宮実雅の子公綱からの説、もう一つは、物部守屋の後裔という。元来、浅井家は近江の土着豪士として、近江国守護代に仕える根本被官であった。その動向は戦国期まで不明である。

大永3（1523）年京極高清の跡目をめぐる争いに浅井氏は史上初めて登場する。高清の長子高延と次子高慶をめぐるもので、浅井一族は浅見氏と結び、高慶側につき上坂信光の軍を近江より追放する。ところが、大永5（1525）年5月浅井亮政は上坂氏と結び小谷城に京極氏を迎え、六角氏に対することとなる。以後、浅井氏は戦国大名としての地位を着実に確める。

まず、亮政は天文元（1532）年に六角氏と和睦、次いで越前朝倉氏と結び、北近江の経営に乗り出す。亮政は天文8（1539）年に没するが、小谷城が築かれた明らかな年代は不明で、一説に永正13（1516）年8月、浅井氏が上坂城を攻め落とした後、大野木土佐守に命じて築城したという。

亮政の跡目は久政が継ぎ、久政は江北一帯を平定、六角氏の配下にあった。しかし、永禄4（1561）年六角氏と不和になり、織田信長の妹お市を久政の子長政に娶り、永禄11（1568）年織田・浅井連合軍は観音寺城に六角氏を滅ぼし、浅井氏は近江半国を領すことになる。さて、有名な信長の小

谷城攻めは元亀元（1570）年の姉川合戦の後、天正元（1573）年に行われた。

観音寺城
かんのんじ

別名 佐々木城、観音城、観音寺山城 **所在** 近江八幡市安土町石寺 **遺構** 石垣・土塁・井戸・竪堀・堀切 **史跡** 国指定史跡

近江の名族、宇多源氏佐々木氏の嫡流六角氏は当初、小脇館を本拠としていた。南北朝期には観音寺山に拠って北畠顕家の軍と戦っているが、このときは観音寺を城として利用した。ここに築城されるのは、六角高頼の応仁2（1468）年で、家臣の伊庭行隆が築いた。以来、観音寺城と呼ばれ、六角氏代々の本城となった。

弘治2（1556）年義賢の代には多くの人夫を徴発し、石垣を廻らした。

永禄11（1568）年信長は近江に入り、9月12日、観音寺山の南、箕作山城を陥れ、翌13日、城主承禎と義弼父子は夜中に逃亡した。その後、まもなく廃城となったが、承禎が信長に反抗したため、城と寺は焼かれた。

朽木城
くつき

所在 高島市朽木野尻 **遺構** 石垣、堀、土塁、井戸

近江守護、佐々木定綱の四男信綱の孫頼綱をもって朽木氏の祖とする。城は市場の野尻寄りの丘の上に構えられた。ここは朽木谷水系の合流点で、軍事、経済に好条件を備え、市場が城の麓に城下町として立ち朽木谷の中心となった。朽木氏による朽木谷支配が明治まで続き得た理由に、山による他地方との地理的隔絶性がある。そのため中世から近世への動乱期に、野尻坂砦の戦い、信長の朽木越えなどがあったとはいえ、この谷間はほとんど動乱の渦中に巻き込まれなかったのである。江戸時代の朽木氏は知行4700石の交替寄合衆で、城持ち大名ではなかったが、大名としての待遇を保ち得ていた。

坂本城
さかもと

所在 大津市下坂本 **遺構** 城門（移築）

元亀2（1571）年9月、比叡山を焼き討ちした信長は志賀郡を明智光秀に与えた。光秀は初め宇佐山城にいたといわれる。同年12月、下坂本に築城、1年余で完成させ、ここを居城とした。

天正10（1582）年本能寺の変後、明智秀満は安土城にあって、光秀の山崎での敗報をうけ、坂本城に引き返す途中、堀秀政の軍にさえぎられ、馬で湖水渡りをしたという話もある。秀満は坂本城にあった金銀財宝を部下に与えて離散させ、残りを西教寺に寄進した。光秀の愛刀や書画を目録と

ともに秀政に渡した後、光秀の妻子や自分の妻を刺し殺し、天守に火を放って自刃したのである。

佐和山城 (さわやま)
別名 佐保山城　**所在** 彦根市古沢町　**遺構** 城門（移築）、石垣、土塁、堀、堀切

　起源は明らかではないが、近江守護佐々木定綱の六男佐保六郎時綱が拠ったのを初見とする。

　文禄4（1595）年秀吉は石田三成を佐和山城に封じた。佐和山という濃尾方面と北陸方面に向かう街道の要所に対し、秀吉は三成以外にここに封ずべき適当な人物が見当たらなかったという。三成の入城した頃は城番が置かれていたにすぎず、城も荒廃していたから、ただちに修築に着手した。修築は短期のうちに行われ、本丸の天守以下、楼閣は琵琶湖の入江に映えてその偉容を誇ったが、内部のつくりは質素で、居間などもたいていは板張りであったという。三成の合理的な一面を表している。関ヶ原の戦いに落城、井伊直政が入城して、やがて彦根築城となる。

膳所城 (ぜぜ)
別名 石鹿城、望湖城　**所在** 大津市膳所　**遺構** 石垣、城門（移建）

　関ヶ原の戦い後、徳川氏が京都背面の守りと大坂方への備えとして東海、中山、北陸三道の要所である瀬田唐橋を扼し、琵琶湖上を制するために築いた城である。

　慶長6（1601）年藤堂高虎の縄張により着工、諸国の大名に命じて普請にあたらせた。天下普請の第一号、関ヶ原の戦い後徳川氏による最初の築城として意義がある。粟津庄7か村のうち、松本、馬場を除き、西庄、木下、膳所、中庄、別保の5か村が膳所城と城下町となった。城は水城で、湖中に石垣を築いて本丸、二の丸を突出させ、本丸西隅には四層四階の天守が湖に映えた。

　慶長6（1601）年6月、大津城にいた戸田一西3万石を初代城主とし、元和3（1617）年子氏鉄のときに尼崎に転じ、西尾より本多康俊が入封。同7（1621）年菅沼定好と替わり、寛永11（1634）年石川忠総が封じられたが、慶安4（1651）年に本多俊次が伊勢亀山より7万石（後6万石）で入城した。以後、代々明治まで続く。

　大坂落城後も、徳川氏は膳所城を重視し、瀬田唐橋を膳所藩に管理させていた。京都祇園の「ぜぜうら」なる地名は、膳所藩の京都屋敷があった

Ⅰ　歴史の文化編　　31

からで、その役目は京都御所の定火消であったが、消防とは表面の理由で、その真意は京都の警備に対処できる体制である。

そうしたことからか、膳所城には米倉が多く築かれ、収容量は10万俵といわれ、当初は3万石、本多氏6万石の文政年間（1818～30）でさえ、藩1か年の米収納は6万8千俵程度であった。初めから10万俵の米倉があったかは明らかではないが、関ヶ原の戦いにおける大津籠城のこともあり、膳所城の意義を物語る。

長光寺城
ちょうこうじ

別名 瓶割城、柴田城　**所在** 近江八幡市長福寺町　**遺構** 石垣、堀切

応仁の乱に六角高頼は西軍についたが、一族の政堯は東軍に与して京極氏と結んだ、その政堯が築いた城である。応仁2（1468）年高頼の兵が来攻、落城した。

元亀元（1570）年4月、岐阜、京都間の通路確保と、六角氏に備えるため、信長は湖南の各所に諸将を配置、長光寺の古城址に柴田勝家が入り、城を修築して守備を固めた。同6月、六角承禎、義治父子は長光寺城に来攻、このときの勝家の苦戦は有名な話となっている。籠城策をとる勝家に対し、寄せ手は城の水の手を断った。承禎は使者を城中に送り、城内の様子をうかがわせたが、水不足の状態を見せない勝家の苦肉の策は成功して、23日、城を打って出た。この反撃に六角氏は敗れたという。

長浜城
ながはま

別名 今浜城　**所在** 長浜市公園町　**遺構** 濠、城門（移築）、復興天守、井戸

長浜は古く今浜と呼ばれ、京極氏5代佐々木道誉が築城、今浜六郎左衛門を守将とした。

降って天正元（1573）年浅井氏が滅びると、秀吉は小谷城に入り湖北12万石を領するが、北陸へ備えて、岐阜、京都間の通路確保のため、今浜の古城址に新城を築き、長浜城と命名した。城は条里方向をとる二重の堀が廻らされ、湖岸の本丸は島状をなし、三層の天守が建てられた。城下町も条里に準ずるが、全体的に北陸街道をこの地で遮断する体制をとっているのが特徴である。清洲会議の後、柴田勝豊が入り、山内一豊の後、城代時代があり、慶長10（1605）年、内藤信成が入城して修築。子の信正のとき、高槻に移り廃城となった。現在一部が水没して遺跡となっている。

八幡城
はちまん
別名 近江八幡城、八幡山城 **所在** 近江八幡市宮内町
遺構 石垣、堀

天正13（1585）年豊臣秀次が近江20万石に封じられ、この地に築城。山上の八幡社を移し、安土に残る建物の一部と、城下町を移転させて築いた。翌14（1586）年、秀次は信長が安土に下したと同様の政令を発し、城下の繁栄を図った。

同18（1590）年、秀次は小田原攻めの軍功に、尾張一国、北勢5郡100万石の太守として清洲城に移り、替わって京極高次が大溝1万石から2万8千石の領主として入城した。高次は秀次の政策を継承していたが、文禄4（1595）年大津城に移封され、廃城となり、八幡の町には代官が置かれた。

彦根城
ひこ ね
別名 金亀城 **所在** 彦根市金亀町 **遺構** 現存天守（国宝）・櫓、塀、馬屋、石垣、土塁、堀 **史跡** 国特別史跡

慶長5（1600）年9月、関ヶ原の戦いは東軍の勝利となり、10月、井伊直政は軍功により上野箕輪12万石から6万石を加えて18万石として、西軍の総師石田三成の佐和山城に入った。直政は磯山（城）に城を移そうとしたが、同7（1602）年、関ヶ原の戦傷がもとで没し、嫡子直継（直勝）が継いだ。このとき、直継幼少のため、直政の遺志は重臣たちに検討され、彦根築城となる。

慶長8～9（1803～04）年に起工、幕府から公儀御奉行が付けられ7か国12（一説に15）大名の助役で行われた。天守が完成した同11（1606）年の後半、井伊氏の居城は佐和山城から彦根城に移り、その後も、普請・作事はなされたが、中断状態となった。この頃までに、平山城の山城部がだいたい完成していた。

この天守が現在のもので、従来は大津城天守の移建といわれてきたが、解体修理の結果、古材は天守の付櫓に使用されていたにすぎないとわかった。大坂の陣後、元和元（1615）年20万石、同3（1617）年、25万石、寛永10（1633）年30万石と増封されていき、城は元和2（1616）年から工事が再開される。第三期工事である。前回は天下普請であったが、今後は、領内の人夫を使って自力で工事が進められた。これには15歳以上の者を人夫に徴発、賃銭が支給された。城主の居館、藩の政庁としての表御殿もでき、元和8（1622）年にはほぼ完成された。山城部の石垣と、平城部の石垣積の手法の差が、2回の工事を今も物語っている。

Ⅰ　歴史の文化編　　33

井伊氏代々の居城となった彦根城は全体として4曲輪に分かれる。

第一曲輪、第一期工事でなされた部分。天守を中心に、天守の回りに櫓、多聞櫓が廻らされ、東麓は城主の居館、政庁としての表御殿などがあり、城の主要部である。本丸・太鼓丸・西の丸・鐘の丸・腰郭といった縄張で、周囲は内堀と高い土塁、石垣で区画された。鐘の丸の井戸は非常時の抜道といわれるが、明治時代にこの井戸の水を飲んだ人がいる。また、西の丸は大砲70門を備える構造であったが、実際に数多くの大砲があったものか疑問とされる。

第二曲輪は、内堀とそれを廻る広い道路を隔てて第一曲輪の外側にあり、家老をはじめ千石以上の高禄者の屋敷が置かれ、周囲は石垣、土塁、中堀にて第三曲輪と厳重に区画された。また、中堀の両端は、琵琶湖に通じ、自然の要害をなすが、すべて琵琶湖の水を引き入れたとは言い切れない。第三曲輪は中堀外に士分の屋敷地と町人の居住区があり、町人町の外側は武家屋敷が囲み、外堀が廻らされた。第四曲輪はいわゆる城下町に相当し、町人町と身分の低い武士や足軽組屋敷からなり、7か所の出入口には番所が設けられ、城下の警備を行っていた。現在、天守をはじめ、よくその規模が残されており、櫓などの整備がされる。

日野城（ひの）　別名 中野城　所在 蒲生郡日野町西大路　遺構 堀、土塁、井戸

蒲生氏による日野城は2城あった。他に音羽山に城があったが、廃城となった。大永3（1523）年蒲生定秀が築いた。定秀の子賢秀の代に信長が近江に入り、観音寺城の六角氏を破ったとき、賢秀も城に籠って信長と戦わんとしたが、縁族神戸氏の勧めで信長に降り、その麾下に入った。本能寺の変の報をうけるや、賢秀は子の氏郷に輿、馬を用意させ、信長の妻を日野城に移し、戦備を整えた。その後、氏郷は秀吉の家臣として賤ヶ岳の戦いや小牧の戦いに参じている。天正12（1584）年伊勢松ヶ島12万石に移封され、以後、田中吉政、長束正家の城代が置かれたが、慶長8（1603）年幕命により廃城。元和6（1620）年市橋長政が移封されて、陣屋を構えた。

水口城（みなくち）　別名 碧水城　所在 甲賀市水口町本丸　遺構 石垣、堀、土塁、模擬御矢倉

水口城は二つあり、先に築かれたのが水口岡山城と呼ばれる城である。天正13（1585）年中村一氏の築城、六角氏の家臣三雲城の遺材が用いられ

た。山頂に本丸、二の丸、三の丸が築かれ、麓の外郭は堀を廻らし、家臣の屋敷があった。この城が水口古城である。一氏の後、増田長盛・長束正家が城主となった。関ヶ原合戦に正家は敗れ、廃城となった。

　寛永11（1634）年、小堀遠州が、水口を通る東海道沿いに将軍往還の宿舎として新城を築いた。将軍専用の施設で、かなり作事は入念に行われた。築城以来、番城として城代が預かり、正徳3（1713）年には秋元但馬守の指図で建物は取り壊された。天和2（1681）年加藤嘉明の孫明友が2万石で封じられ、一時、鳥居忠英と交替したが、正徳2（1712）年加藤嘉矩が2万5千石で再封され明治まで続いた。

戦国大名

滋賀県の戦国史

　近江国は代々六角氏が守護を務め、応仁の乱では当主亀寿丸(のちの高頼)が幼少であったため、庶流の山内政綱が後見となり西軍に属した。すると、一時六角家当主もつとめた一族の政堯が江北の京極勝秀とともに東軍に属して六角氏の観音寺城を落とし、文明元年(1469)には勝秀の子持清が守護に任命された。

　このため六角高頼は帰国して守護職を奪い返すと、延暦寺領や幕府奉公衆の所領を押領したため、長享元年(1487)将軍足利義尚が近江に侵攻、高頼は甲賀に逃れて甲賀五十三家といわれる国衆層と結び長期戦となった。

　義尚は遠征の最中に陣中で死去したが、跡を継いだ義材も近江に再度遠征、山内政綱を討ち近江を制圧した。ところが、その義材も管領細川勝元のクーデターで将軍職を追われ、高頼は美濃守護代斎藤利国の支援を得て、守護となっていた山内政綱の子就綱を追放し、守護に復帰した。

　こうして六角氏が京の中央政権と深く関わっている間に京極勝秀は江北を支配していたが、勝秀の没後内訌状態となり、これを制した高清が家督を相続した。その後、叔父政経・材宗父子との内訌や、上坂景重の叛乱も鎮圧したものの、この争いで弱体化し、代わって浅井氏が台頭してきた。

　浅井氏の傍流から本家を継いだ亮政は、大永5年(1525)京極氏の内訌に際して、京極高清を小谷城下に迎えてその実権を握ると、子久政は北近江の国人層を自らの被官として京極氏から独立した。

　久政は六角氏に従っていたが、子長政は六角氏から独立して織田信長と結び、湖西や湖東にまで勢力を広げた。

　しかし、元亀元年(1570)信長に叛旗を翻したため、天正元年(1573)小谷城で敗れて自刃し滅亡。これに同調した六角義賢も信長に屈し、近江は信長の版図に入った。

主な戦国大名・国衆

青木氏（あおき）　近江国甲賀郡の国衆。『寛政重修諸家譜』では丹治氏のもとに収められており丹党青木氏と同族とするが、別流であろう。もとは上山氏を称しており、家頼のときに近江国甲賀郡青木（湖南市）に住んで青木氏を称した。戦国時代には石部城（湖南市）に拠っていた。安頼のとき六角氏を経て織田信長に仕え、子法頼は徳川家康に仕えた。

青地氏（あおち）　近江国栗太郡の国衆。宇多源氏佐々木氏の一族。馬淵広定の四男基綱が同郡青地荘（草津市・栗東市）の土豪青地右馬助の養子となって青地氏を称したのが祖で、子忠綱が青地城を築城した。文亀2年（1502）頼賢のとき守護代伊庭貞隆が主家に叛旗を翻し、六角氏方の青地城は落城している。その後、幕府の介入で乱が収まると青地城に復帰した。永禄年間（1558〜70）頃、蒲生定秀の二男茂綱が青地氏を継いで織田信長に仕え、元亀元年（1570）に浅井・朝倉勢に敗れて戦死。子元珍は本能寺の変後織田信孝に仕えたため、信孝の没落で浪人した。

浅井氏（あざい）　近江の戦国大名。公家の正親町三条公綱が勅勘を蒙って近江丁野に蟄居中に一子をもうけ、のちに京極氏に仕えたという落胤説を伝えるが、公綱には勅勘を蒙った事実はなく、またそれ以前から同地には浅井氏の名がみえることから伝説にすぎない。浅井3代の祖である亮政以前は、近江国浅井郡丁野郷（長浜市湖北町）で古くから京極氏の被官だった。浅井氏の傍流から本家を継いだ亮政は、大永5年（1525）京極氏の内訌に際して、京極高清を小谷城下に迎えてその実権を握った。子久政は北近江の国人層を自らの被官として京極氏から独立、南近江の六角氏と激しく争った。永禄3年（1560）に家督を継いだ長政は、六角氏の内訌に乗じて南近江も支配し、さらに織田信長と結んで信長の妹お市の方を正室に迎え、近江一国を支配する戦国大名に成長した。しかし、元亀元年（1570）信長が朝倉氏を攻めると信長と対立、天正元年（1573）小谷城で敗れて自刃し、滅亡した。長政とお市の方の長女は豊臣秀吉の側室淀君で、三女江（崇源院）は3代将軍徳川家光の生母であり、第109代明正天皇の祖母にあたる。

阿閉氏 近江国伊香郡阿閉（長浜市高月町）の国衆。阿辻とも書く。戦国時代は浅井郡との境にある山本山城（長浜市湖北町山本）城主。室町時代は京極氏の被官で、戦国時代には浅井氏に仕えた。天正元年（1573）阿閉貞征・貞大父子は織田信長に通じて所領を安堵され、豊臣秀吉に属した。同10年の本能寺の変では明智光秀に与して滅亡した。

大原氏 近江国坂田郡の国衆。宇多源氏佐々木氏の庶流。佐々木信綱の長男重綱が坂田郡大原荘（米原市）の地頭となって大原氏を称したのが祖。室町時代には幕府の奉公衆にもなっている。戦国時代には六角氏に従い、政重の跡は六角高頼の三男高保が養子となり、高保の跡も六角氏から高賢が継いで存続したが、やがて六角氏とともに滅亡した。

小倉氏 近江国蒲生郡の国衆。承暦年間（1077〜81）に景実が小椋庄に住んだのが祖で、のち小椋から小倉に改めたという。清和源氏と伝える。のち蒲生郡佐久良荘（蒲生郡日野町佐久良）に移って佐久良城を築城、代々蒲生氏と縁戚関係にあった。実光ののちは、蒲生定秀の三男実隆が継いだが、やがて庶子家が台頭して、永禄7年（1564）に小倉西家の小倉右京大夫が挙兵したことで内訌に突入。実隆が討死したことから蒲生氏が介入して嫡流が勝利したものの、以後小倉氏は弱体化して蒲生氏の家臣となった。子行春は蒲生氏郷に仕えてその重臣とったが、氏郷の没後蒲生家を去り、豊臣家に仕えて大坂の陣で討死したという。

蒲生氏 近江国蒲生郡（蒲生郡）の国衆。藤原北家秀郷流で、惟賢は源頼朝に仕えたというが、はっきりしたことはわからない。永享5年（1433）に秀貞は将軍足利義教の命で山名持豊に属して延暦寺を攻撃している。蒲生氏の事績がはっきりするのは秀貞の孫の貞秀のあたりから。貞秀は音羽城（日野町音羽）に拠り、延徳3年（1491）には幕府の命で六角氏を攻めている。やがて六角氏の台頭とともにその傘下に入った。貞秀の嫡子秀行は早世したことから内訌が起こり、大永3年（1523）六角氏の支援を受けた高郷が甥の秀紀を討って惣領の座についた。高郷・定秀父子は六角氏の重臣として活躍する一方、天文年間（1532〜55）には日野城を築城して、蒲生郡東半分の在地領主を被官化して近江南部の有力国人でもあった。永禄6年

(1563) の観音寺騒動では、義治を日野城に匿って事態の収拾に尽力している。永禄11年 (1568) 織田信長の近江侵攻の際、賢秀は織田信長に従い、翌年の北畠氏攻撃には子氏郷とともに参陣するなど、以後は信長の武将として活躍した。氏郷は豊臣秀吉の側近となり、天正18年 (1590) 会津若松に転じた。

儀俄氏（ぎが） 蒲生氏の庶流。建仁4年 (1204) 蒲生惟賢の五男俊光が近江国甲賀郡儀俄荘（甲賀市水口町）の下司となったのが祖。以後代々蒲生氏に仕えた。南北朝時代、氏秀は儀俄荘の地頭職を得、以後、蒲生氏とともに蒲生郡を代表する国人に成長した。戦国時代以降は蒲生氏の重臣となり、天正15年 (1587) の九州参陣後、恩賞として蒲生氏を与えられ、以後嫡流は蒲生氏を称した。主家断絶後は出雲松平家に仕えている。

久徳氏（きゅうとく） 近江国犬上郡の国衆。多賀氏の一族。多賀高信の二男定高が、佐々木氏から久徳郷を与えられて久徳氏を称したのが祖という。以後久徳城（犬上郡多賀町）に拠り、戦国時代には浅井氏に属していたが、実時のときに織田信長に通じたため浅井長政に攻められて落城したという。

京極氏（きょうごく） 守護大名。宇多源氏。佐々木信綱の四男氏信は北近江六郡を相続し、京極高辻に館を構えたことから京極氏の祖となった。鎌倉時代は幕府の御家人となる。元弘3年 (1333) 高氏（道誉）は足利尊氏に従って佐々木一族の惣領と認められ、のちに六波羅探題となった。室町幕府の設立後は四職の一つとなり、近江・飛騨・出雲・隠岐の守護を兼ねた。応仁の乱では持清が東軍の将として活躍したが、その没後家督を継いだ孫の高清と、その叔父政経との間で内訌となった。その結果、南近江は同族の六角氏、北近江は家臣だった浅井氏に実権を奪われ、出雲・隠岐は守護代の尼子氏に押領されて没落した。高吉は将軍足利義輝の近習となり、義輝没後は近江に逃れてきた覚慶（のちの義昭）のため奔走している。義昭が将軍となると従ったが、まもなく致仕した。天正元年 (1573) 浅井氏が滅亡すると、高次は京極氏の旧臣を集めて織田信長に仕えた。本能寺の変後、高次は明智光秀の勧誘に応じて羽柴秀吉の居城近江長浜城を攻めて占拠したため、秀吉の追及にあって美濃・越前・若狭に身を隠した。その後、妹が秀吉の

I 歴史の文化編 **39**

側室松丸殿となったために許されて弟高知とともに秀吉に仕え、京極氏を再興した。

朽木氏 (くつき)

近江国高島郡の国衆。宇多源氏佐々木氏。高島信綱が承久の乱の恩賞として朽木荘（高島市）の地頭職を得、孫義綱のときに朽木荘に移り住んで朽木氏を称した。朽木谷は若狭と京都を結ぶ交通の要所でもあり、ここを本拠として鎌倉時代には12カ国16カ所に所領があった。享禄元年（1528）稙綱は三好元長の京都侵入で追われた将軍足利義晴を朽木谷に迎えたことから、以後将軍の奉公衆となった。天文20年（1551）には晴綱が、三好長慶に京を追放された将軍足利義輝を迎え、永禄元年（1558）まで庇護している。戦国時代、元綱は浅井氏に従っていたが、元亀元年（1570）に織田信長が越前の朝倉氏を攻めた際、浅井長政の離反で窮地に陥った信長を助け、以後は信長に仕えた。江戸時代は交代寄合となり、元綱の三男稙綱の子孫は丹波福知山藩主となっている。

新庄氏 (しんじょう)

近江国坂田郡の国衆。藤原北家秀郷流で今井氏の一族。俊名のときに近江国坂田郡新庄（米原市新庄）に移って新庄氏を称し、足利義詮に仕えた。天文8年（1539）朝妻城（米原市朝妻）を築城。同18年（1549）直昌は細川晴元に従って三好長慶と戦い、江口合戦で討死。嫡男直頼は豊臣秀吉・秀頼に仕えて1万3000石を領した。関ヶ原合戦では西軍に属したため会津に流され、江戸時代は常陸麻生藩主となる。

多賀氏 (たが)

近江国愛知郡の国衆。近江中原氏の末裔。崇峻天皇の末裔という近江中原氏の一族が近江国愛智郡の多賀神社の神官となり、多賀氏を称したのが祖という。鎌倉時代には京極氏に従う。室町時代、犬上多賀氏と坂田多賀氏の2流に分かれた。犬上多賀氏の多賀常則は浅井長政を経て豊臣秀吉に仕え、豊臣秀長に属して大和国高市郡で2000石を領した。江戸時代は旗本となった。

高島氏 (たかしま)

近江国高島郡の国衆。宇多源氏。承久の乱後、佐々木信綱の二男高信が高島郡朽木荘（高島市朽木）を領して高島氏を称した。末裔は、高島・平井・朽木・横山・田中・永田の諸氏に分かれ、これに山崎氏を加

えた7家を高島七頭といい高島郡内に割拠した。高島七頭の惣領としての高島氏は越中氏ともいい、室町時代は清水山城（高島市新旭町熊野本）に拠った。戦国時代には六角氏に属し、元亀4年（1573）織田信長に敗れて落城した。

高野瀬氏
たかのせ

近江国犬上郡の国衆。狭々城山系佐々木氏の一族という。大永年間（1521〜28）に隆重が高野瀬城（犬上郡豊郷町高野瀬）を築城して拠り、六角氏に従った。浅井氏の台頭で浅井氏に転じ、永禄12年（1569）織田信長に敗れて落城。その後は柴田勝家に仕えたが、天正2年（1574）秀隆・隆景父子が越前で討死し、断絶した。

高宮氏
たかみや

近江国犬上郡の国衆。宇多源氏佐々木氏の一族。南北朝時代に六角氏頼の三男信高が高宮荘（彦根市高宮町）を与えられて入部。以前から同地にいた高宮氏（北殿高宮氏）に対して、南殿高宮氏とも呼ばれた。高宮城に拠り、代々三河守を称して六角氏に仕え、やがて没落した北殿高宮氏を糾合した。天正元年（1573）織田信長に敗れて落城した。

建部氏
たけべ

近江国神崎郡の国衆。宇多源氏佐々木氏の一族という。六角時信の三男信詮が相模国山内に住んで山内氏を称し、その孫の詮秀が近江国神崎郡建部（東近江市）に住んで建部氏を称した。以後代々六角氏に従い、のち箕作城に拠る。六角氏の没落後、秀明は織田信長に仕えたが天正4年（1576）に戦死して嫡流は断絶した。秀明の叔父の賢文は信長には仕えず建部村に逼塞し、その子昌興（伝内）は徳川家康に仕え、江戸時代は旗本となる。

多羅尾氏
たらお

近江国甲賀郡の国衆。藤原北家で、近衛経平の末裔と伝える。代々同郡信楽荘多羅尾（甲賀市信楽町多羅尾）に住み、嘉元元年（1303）師俊が多羅尾氏を称した。光俊のときに織田信長に従う。天正10年（1582）本能寺の変の際、光俊は甲賀武士を率いて徳川家康の伊賀越えを助けた。その後は豊臣秀吉に仕えていたが、秀次に属していたことから、文禄4年（1595）秀次に連座して信楽に蟄居した。慶長元年（1596）子光太が徳川家康に召しだされ、江戸時代は旗本となる。

I 歴史の文化編 41

頓宮氏　近江国甲賀郡頓宮（甲賀市土山町頓宮）の国衆。藤原北家の出という。藤原北家という。建武3年（1336）知綱は足利尊氏のもとに参陣。南北朝時代、頓宮弥九郎は南朝に属して転戦した。戦国時代には土山氏・黒川氏・大河原氏などの庶流を出し、代々継承してきた頓宮・市場・前野だけでなく周辺地域にまでその支配地を広げた。

永原氏　近江国野洲郡の国衆。藤原北家秀郷流とも、佐々木氏との末裔ともいう。永原城（野洲市）に拠って六角氏に仕えた。永禄11年（1568）六角氏とともに没落。天正元年（1573）永原実治は織田信長に仕えて永原城に復帰したが、同10年の山崎合戦で討死した。

三雲氏　近江国甲賀郡の国衆。藤原北家で伊行の末裔という。明徳年間（1390〜94）、実乃が近江国甲賀郡三雲（湖南市）に住んで三雲氏を称した。戦国時代は三雲城に拠って六角氏に従い、元亀元年（1570）定持は織田信長の近江攻略で戦死した。六角氏滅亡後、子成持は浪人して織田信雄、蒲生氏郷に仕えた。文禄2年（1593）成長のとき徳川家康に仕え、江戸時代は旗本となった。

美濃部氏　近江国甲賀郡の国衆。菅原姓で道真の子兼茂の末裔という。室町時代から甲賀郡蔵田荘美濃部郷（甲賀市水口町）を支配する武士として台頭した。戦国時代、貞茂は六角氏に従う。茂濃のときに織田信長に仕えて近江国甲賀郡に住み、天正10年（1582）本能寺の変後、徳川家康の伊賀越えの際に近江信楽から伊勢白子まで従った。慶長4年（1599）子茂益が徳川家康に仕え江戸時代は旗本となった。5代目古今亭志ん生は末裔。

目賀田氏　近江国愛知郡の国衆。目加田城（愛知郡愛荘町目加田）に拠り、佐々木氏に従う。室町時代には京極氏方と六角氏方に分かれている。六角氏方の目賀田氏は守護代もつとめた。のち織田信長を経て豊臣秀吉に仕え、関ヶ原合戦後守政は紀州藩士となった。

山岡氏　近江国栗太郡の国衆。大伴姓。伴善男の子員助は外祖父に育てられて三河国幡豆郡司となり、助高のときに三河国追捕使となって八名郡・

設楽郡を領したという。貞景のときに近江国甲賀郡大原に転じて大原氏を称し、景通が同国栗太郡大鳥居（大津市）に住んで大鳥居氏を称した。永享年間、資広が栗太郡山田岡に勢多城を築城、山田岡を短くした山岡氏を称した。以後、代々勢多城（大津市瀬田）に拠って六角氏に従った。永禄12年（1569）景隆のとき織田信長に仕えた。天正10年（1582）の本能寺の変の際、景隆・景佐兄弟と伯父の景民は、徳川家康の伊賀越えに協力。江戸時代は旗本となる。

山中氏 やまなか　近江国甲賀郡の国衆。本来は平姓で、鎌倉時代は伊勢神宮領の柏木御厨の代官だった。建武2年（1335）実秀はいとこにあたる道俊と為顕に山中村（甲賀市土山町山中）地頭職を譲った。道俊と為顕はともに橘姓の一族で、以後山中氏は橘姓となった。長禄4年（1460）高俊のとき足利義政によって所領が没収されて一時没落した。永正4年（1507）一族とみられる山中新左衛門尉が細川澄元のもとで摂津国守護代となって復活、天文5年（1536）には山中藤左衛門と山中橘左衛門尉の2人がともに摂津国守護代となっている。その後は六角氏に属し、甲賀郡内の武士甲賀五十三家の棟梁的存在となった。戦国時代は六角氏に従い、永禄11年（1568）に六角義賢・義治父子が織田信長に追われて甲賀郡に逃げると六角氏とともに信長と戦っている。のち信長に仕えたが、天正13年（1585）豊臣秀吉によって所領を奪われ帰農した。

六角氏 ろっかく　近江の戦国大名。宇多源氏で、佐々木信綱の三男泰綱の屋敷が京都・六角堂近く（六角東洞院）にあったため六角氏を称したのが祖。代々南近江六郡を支配。建武2年（1335）氏頼は足利尊氏の叛乱に従い、室町時代は同族の京極氏とともに近江を半国ずつ支配した。その後守護代伊庭氏の叛乱があったが平定し、以後戦国大名に成長した。戦国時代、定頼は観音寺城に拠り、足利義晴・義輝を擁して再三上洛、畿内の政治にも関与するなど全盛時代を築いた。永禄6年（1563）義賢が重臣後藤氏を暗殺、さらに浅井氏の台頭で衰退し、同11年には織田信長に敗れて甲賀郡に逃れた。その後は浅井氏と結んで信長に抗したものの、元亀元年（1570）信長に降って滅亡した。

I　歴史の文化編　43

名門／名家

◎中世以前の名族

浅井氏
近江の戦国大名。『寛政重修諸家譜』では、公家の正親町三条公綱が勅勘を被って近江丁野に蟄居中に一子を設け、後に京極氏に仕えたという落胤説を伝えるが、公綱には勅勘を被った事実はなく、またそれ以前から同地には浅井氏の名が見えることから伝説にすぎない。なお、『竹生島縁起』には奈良時代の人物として浅井磐稲・広志根の名があり、古代から同地に浅井氏があったことをうかがわせる。

浅井三代の祖である亮政以前は、近江国浅井郡丁野郷（長浜市湖北町）で、古くから京極氏の被官だったことしか分からない。浅井氏の傍流から本家を継いだ亮政は、1525（大永5）年京極氏の内訌に際して、京極高清を小谷城下に迎えてその実権を握った。子久政の代には、北近江の国人層をみずからの被官として京極氏から独立、南近江の六角氏と激しく争った。

60（永禄3）年に家督を継いだ長政は、六角氏の内訌に乗じて南近江も支配し、さらに織田信長と結んで信長の妹お市の方を正室に迎え、近江一国を支配する戦国大名に成長した。しかし、70（元亀元）年信長が朝倉氏を攻めると信長と対立、73（天正元）年小谷城で敗れて自刃し、滅亡した。

長政とお市の方の間に生まれた長女は豊臣秀吉の側室淀君で、三女江（崇源院）は3代将軍徳川家光の生母であり、第109代明正天皇の祖母に当たる。

◎近世以降の名家

井伊家
彦根藩主。遠江国の国衆井伊氏の末裔。井伊直政は2歳の時に父が討たれ、各地を転々とした後1575（天正3）年徳川家康に仕えて父祖の地である井伊谷に2000石を賜った。90（同18）年の関東入国に際して12万

石となり高崎城を築城。関ヶ原合戦後、近江佐和山18万石を賜り、1604（慶長9）年直勝が彦根に築城して移る。直孝は3代将軍家光、4代家綱に仕えて35万石という譜代大名としては異例の大身となった。以後、直澄・直興・直幸・直亮・直弼の5人が大老をつとめている。

　幕末の藩主直弼は大老となり、勅許を待たずに日米修好条約を結んで反対派を弾圧、安政の大獄を引き起こした。そのため1860（万延元）年に水戸浪士らに桜田門外で討たれた（桜田門外の変）。84（明治17）年直憲の時に伯爵となる。孫の直愛は戦後彦根市長を連続9期つとめた。

稲垣家
　山上藩（東近江市）藩主。伊勢国一志郡小倭荘稲垣（三重県津市白山町）発祥か。清和源氏を称している。重定は1685（貞享2）年若年寄となって5000石を加増され、1万3000石となり諸侯に列した。98（元禄11）年山上に陣屋を置いて山上藩を立藩した。幕末、太清は大坂定番や海軍奉行を歴任、佐幕派の大名として知られた。1884（明治17）年の華族令制定当時は女戸主だったため、太祥が再相続して86（同19）年に子爵となった。

宇津木家
　彦根藩家老。武蔵国多摩郡宇津木（東京都八王子市）発祥で横山党の末裔という。戦国時代、泰繁は上野国箕輪城主だった井伊直政に仕えて2000石を領し、そのまま彦根藩重臣となった。稲富流の砲術家でもあった。5代目久英以降代々家老をつとめた。家禄4000石。家老をつとめた宇津木昆学、宇津木翼や、井伊直弼に仕えた宇津木六之丞が著名。分家も多く、彦根藩士に十五家の宇津木家がある。

遠藤家
　三上藩（野州市）藩主。戦国時代は代々東氏に従っていたが、盛数が東常慶の女婿となって美濃八幡2万石の所領を継承、斎藤龍興に仕えた。盛数は慶隆と甥の胤俊に所領を分割し、以後嫡流の八幡遠藤家と胤俊の木越遠藤家は両遠藤家と呼ばれた。慶隆は1584（天正12）年の小牧合戦で織田信雄に通じたと疑われて美濃小原7500石に減知されている。

　関ヶ原合戦では東軍に属し、美濃八幡2万7000石を回復。1692（元禄5）年5代常久が7歳で死去したため無嗣断絶となった。

　その後、5代将軍徳川綱吉の側室お伝の方の妹婿白須政休の子胤親が名跡を継ぎ、98（同11）年に近江三上藩1万石で再興した。幕末、胤統は若

年寄をつとめている。1870（明治3）年胤城の時和泉吉見に転じた。78（同11）年胤城の時東氏に復し、84（同17）年子爵となる。

遠藤家
東海道大津宿（大津市）で藤屋と号した菓子商の老舗。祖は浅井長政に仕えた遠藤喜右衛門直径で、1570（元亀元）年の姉川合戦で討死、その四男の末裔という。代々仁兵衛を称している。1661（寛文元）年に鶴屋仁兵衛として創業。1702（元禄15）年伏見宮家の仲介で京都御所の御用達商人に加えられ、藤屋内匠の屋号を賜った。後膳所藩の御用達にもなる。近江八景の落雁が有名。現在の当主は13代目。

大角家
栗太郡六地蔵（栗東市）の和中散本舗。代々弥右衛門を称した。1611（慶長16）年野洲永原御茶屋（野洲市）に滞在中の徳川家康が腹痛を起こした際、同家の薬を服用して治ったことから、家康が和中散と名付けた。以後「ぜさいや」と号して和中散本舗の傍ら、東海道草津宿と石部宿の間の宿の茶屋本陣もつとめた。寛永年間頃に建てられた和中散本舗は国史跡、同家庭園は国名勝に指定されている。また、同家向かい側にある大角家の隠居所も国の重要文化財に指定されている。

小野田家
彦根藩家老。遠祖盛長は源頼朝の日光開基の際に惣奉行をつとめたと伝える。戦国時代は代々今川家に仕えていたが、初代為盛が飯尾氏に仕え、引馬城の乱後徳川家康に仕えた。1584（天正12）年家康の意向で井伊直政の家臣となり、子為躬は関ヶ原合戦後彦根藩士となって1000石を知行した。6代為充の時に家老となり、以後代々家老をつとめた。9代為典の時3000石に加増。

片岡家
東海道大津宿（大津市）の旧家。大津算盤師。1612（慶長17）年片岡庄兵衛が長崎で明人から算盤を貰い、これを改良して日本初の算盤を製造したのが祖。以後、幕府御用達の算盤師となった。11代続き明治時代中期に廃業した。

加藤家
水口藩（甲賀市）藩主。藤原北家というが詳しいことは分からない。松平氏の譜代の家臣で、加藤教明は一向一揆に加わったために松平氏

を離れ、子嘉明が豊臣秀吉に仕えて、賤ヶ岳合戦で七本槍の一人に数えられた。その後、嘉明は石田三成と対立して徳川家康に仕え、関ヶ原合戦後は伊予松山20万石に入封。1627（寛永4）年には会津40万石に転じたが、子明成の時に家臣堀主水との争いがもとで改易された。

後明成の子明友が水口で再興。明英の時に下野壬生2万5000石に転じたが、嘉矩の時に再び水口2万5000石に戻った。1884（明治17）年明実の時に子爵となる。

木辺家 <ruby>木<rt>き</rt></ruby><ruby>辺<rt>べ</rt></ruby>家

野洲市木部の浄土真宗木辺派本山錦織寺の住職。親鸞の曾孫である覚如の子存覚が錦織寺の住職となり、以後代々住職をつとめた。江戸時代中期には桂宮家仁親王の猶子常慈が継ぎ、以後も一条家、広幡家など宮家や公家からの養子・降嫁などが続いた。維新後、本願寺の大谷光尊の二男孝慈が継ぎ、1896（明治29）年男爵となった。先代の門主木辺宣慈は反射鏡の作製でも知られた。

木俣家 <ruby>木<rt>き</rt></ruby><ruby>俣<rt>また</rt></ruby>家

彦根藩家老。初め北畠氏に従っていたが、守時の時松平氏に仕える。守勝が家康の命で井伊直政に仕え、2代守安以降、代々彦根藩筆頭家老となった。大坂の陣後は5000石となり、1722（享保7）年には1万石となる。1900（明治33）年畏三の時に男爵となった。

国友家 <ruby>国<rt>くに</rt></ruby><ruby>友<rt>とも</rt></ruby>家

坂田郡国友荘（長浜市）の鉄砲鍛冶。1544（天文13）年に、将軍足利義晴が管領細川晴元を通して国友村の鍛冶・善兵衛らに鉄砲製作を命じ、6カ月後に六匁玉筒2挺を完成させたのが始まりという。鉄砲の一大生産地となって栄え、74（天正2）年豊臣秀吉は国友藤太郎に100石を与えて国友鍛冶を配下に抑えた。関ヶ原合戦後は各地の大名に召し抱えられて広がったが、1605（慶長10）年に天領となり、以後は幕府の統制下に置かれてお抱え鉄砲師となった。

小杉家 <ruby>小<rt>こ</rt></ruby><ruby>杉<rt>すぎ</rt></ruby>家

神崎郡竜田村（東近江市）の五箇荘商人。代々五郎右衛門を称し、加賀金沢を商圏としていた。11代五郎右衛門の時、加賀藩で棄捐令が出されて他国商人が加賀を敬遠していた時、松居遊見の指摘で大量の商品を仕入れて現金販売し、同家の中興の祖となった。

I　歴史の文化編　47

維新後、一族の五郎左衛門が函館で織物卸業を創業、後東京・日本橋に本拠を移し、アパレルメーカー・コスギとなった。

西郷家（さいごう）

彦根藩家老。遠江国西郷の出で、初代正員は幼少の頃から徳川家康に仕えたという。1582（天正10）年の家康の関東入国の際に、家康の命で井伊直政に属し、後家老となって3500石を知行した。大坂の陣の際に3代目員吉が幼少で出陣できなかったため、家中における地位が降下したが、幕末まで代々家老をつとめた。同家屋敷は現在大津地方裁判所彦根支部となっている。

正野家（しょうの）

蒲生郡日野（日野町）の日野合薬の豪商。7代目萬四郎は35歳で京の名医名護屋丹水に入門、1692（元禄10）年玄三と号して医師となった。しかし、直接の治療には限界を感じ、「神農感応丸」の調合に成功、後「萬病感応丸」として日野合薬の創始者となった。現在も日野薬品工業として日野町で製薬業を営んでいる。

中井家（なかい）

蒲生郡日野（日野町）の日野商人を代表する豪商。蒲生郡大塚荘（東近江市）の武士で大塚氏を称していたが、光盛の時に同郡岡本村中井（東近江市蒲生）に転じて中井氏と改称した。さらに日野に移り、1627（寛永4）年高儀の時に日野椀の製造販売を始めた。光武の時に売薬業に転じて成功、近江商人としての中井家は光武を祖とする。幕末に仙台藩の蔵元を引き受けたために明治維新後に巨額の負債を抱えた。その後は生糸の取引を行っていたが、1942（昭和17）年に廃業した。

中野家（なかの）

彦根藩主一門・彦根藩家老。井伊忠直の二男直房が井伊谷の中野郷に住んで中野氏を称したのが祖。井伊直政が浜松で徳川家康に仕えた際に、直之が浜松に移って井伊家の家臣となった。その子三信が彦根藩士中野家の初代で、大坂の陣では彦根留守居をつとめている。3代清三の時に家老となった。家禄は当初1800石だったが、1690（元禄3）年に3500石に加増された。藩主の一門であることから藩主井伊家の庶子が養子となることが多かった。

長野家
(ながの)

彦根藩家老。上野長野氏の一族で、箕輪城主長野業正（業政か）の子業親が祖という。1580（天正8）年業親が箕輪で井伊直政に仕えて小姓となり、以後累進して大坂の陣後に家老となり、1627（寛永4）年3000石となった。以後代々家老をつとめた。家禄は4000石。

西川家
(にしかわ)

蒲生郡八幡（近江八幡市）で大文字屋と号した、八幡商人を代表する豪商。代々利右衛門を称した。初代利右衛門は蒲生郡市井村から八幡に出て新町に住み、蚊帳や畳表を馬の背に積んで行商したことで評判となった。やがて、大坂・瓦町や江戸・日本橋にも進出、1639（寛永16）年には江戸の蚊帳仲間に名を連ねた。1930（昭和5）年11代目の死去で断絶し、土地建物は近江八幡市に寄贈された。1706（宝永3）年に建てられた同家住宅は国の重要文化財に指定されている。

また3代利右衛門の弟は分家して代々庄六を名乗り、70（明和7）年には江戸で開店して蚊帳の他、真綿・繰綿・扇子・砂糖などを扱った。本家の向かい側に建つ同家住宅も滋賀県文化財に指定されている。

西川家
(にしかわ)

西川産業創業家。近江八幡で山形屋と号した八幡商人。国衆西川氏の一族。1566（永禄9）年に初代仁右衛門が魚の干物の行商を始めたのが祖で、87（天正15）年八幡町に店を構えた。当初は奈良蚊帳を北陸に販売、やがて近江特産の畳表を取り扱うようになった。2代甚五郎は1628（寛永5）年江戸・日本橋に進出して近江商人の代表的存在となった。

明治になると、11代目甚五郎は県議となり、12代目は貴族院議員、13代目は参議院議員に選ばれるなど政界にも進出。

戦後、やがて蚊帳の需要はなくなると見越すや、13代目は弟の五郎と共にいち早く寝具の製造・販売に切り替えて成功した。

伴家
(ばん)

蒲生郡八幡（近江八幡市）で扇屋と号した豪商。元は大友氏を称した安土城下の商人だったが、八幡町の開町で移住して伴庄右衛門と改称、扇子など扱った。寛永年間には江戸・日本橋に店を出して蚊帳・畳表・蝋燭などを扱い、西川家と共に八幡商人の代表的存在となった。井原西鶴の『西鶴織留』にも同家の繁栄の様子が描かれている。

I　歴史の文化編　　49

5代目の庄右衛門は高蹊と号し「近世畸人伝」を著した国学者として知られる。明治時代に没落し、1887（明治20）年に廃業。27（文政10）年から40（天保11）年にかけて建てられた同家住宅は市立図書館として利用されていたが、2004（平成16）年に復元されて公開された。

弘世家
ひろせ

愛知郡愛知川（愛荘町）で近江屋と号した本陣・豪商。日本生命創業家。嵯峨源氏という。1856（安政3）助市は彦根藩の勘定方となっている。60（万延元）年からは彦根藩の御用金役である掛屋をつとめ、66（慶応2）年の藩の財政危機では私財を処分して資金を調達した。幕末、親戚の豪商川添家から養子となった助三郎は、維新後金融業に転じ、79（明治12）年には第百三十三国立銀行を設立。さらに89（同22）年には日本生命を創業した。嫡男助太郎は日本生命の3代社長として中興の祖と呼ばれ、4代目は女婿の現である。

堀田家
ほった

宮川藩（長浜市）藩主。尾張国中島郡堀田（愛知県稲沢市）発祥で紀姓という。正吉は小早川氏に仕えていたが、1602（慶長7）年に主家断絶で浪人、05（同10）年に徳川家康に番士として仕えたのが祖。子正盛は、春日局の縁戚のために3代将軍家光に仕えて抜擢され、26（寛永3）年1万石に加増されて諸侯に列した。その後老中にまで進んで、42（同19）年下総佐倉11万石に入封。60（万治3）年正信の時いったん除封となり、82（天和2）年正休が上野吉井藩1万石で再興。98（元禄11）年近江宮川に転封となった。1884（明治17）年正養の時に子爵となる。

本多家
ほんだ

膳所藩（大津市）藩主。酒井忠次の二男康俊が1580（天正8）年本多忠次の養子となって89（同17）年に家を継ぎ、翌年の徳川家康の関東入国では下総国匝瑳郡小篠郷（千葉県匝瑳市）で5000石を領したのが祖。関ヶ原合戦後、1601（慶長6）年三河西尾2万石を経て、17（元和3）年近江膳所3万石に入封した。

　俊次は三河西尾城3万5000石、36（寛永13）年伊勢亀山5万石を経て、51（慶安4）年近江膳所7万石に戻った。79（延宝7）年康慶は弟忠恒に1万石を分知し、以後6万石となる。1884（明治17）年康穣が子爵となる。

松居家

神崎郡位田村（東近江市）で星久と号した五箇荘商人の豪商。代々久右衛門と称した。京都・蛸薬師通烏丸で染呉服商も営んでいた。2代久右衛門の子久五郎は分家し、以後代々久左衛門を称した。奥州から紅花や生糸を仕入れて上方で販売していたが、遊見と号した3代目久左衛門は金融業に転向して成功。10人扶持を与えられ、名字帯刀も許されていた。

松浦家

中山道柏原宿（米原市）で「亀屋左京」と号した伊吹艾の豪商。6代目七兵衛は江戸・吉原で遊興の際、遊女に「江州柏原　伊吹山のふもと　亀屋左京のきりもぐさ」と詠わせ、さらに売り子にも同じ唄を歌って売り歩かせて宣伝した他、自店を題材にした浄瑠璃をつくって各地で上演するなど、独自の販売戦略で成功した。現在も伊吹堂亀屋左京商店として続いている。

最上家

交代寄合。出羽の戦国大名最上氏の末裔。関ヶ原合戦では東軍に属して上杉氏と戦い、戦後その功により山形で57万石に加増された。1617（元和3）年2代家親が急死、12歳で3代目を継いだ義俊は内政をまとめられず、義俊を擁護する一派と、義俊の叔父に当たる山野辺義忠に分裂。22（同8）年に幕府は山形藩を取りつぶして、義俊には近江・三河で1万石を与え、義俊は近江大森（東近江市蒲生）に陣屋を置いて大森藩を立藩した。

31（寛永8）年義俊が26歳で死去、跡継ぎの義智はわずか2歳であったことから5000石に減知となり、95（元禄8）年高家に列した。後交代寄合となる。維新後、義運は朝廷に仕えた。

分部家

大溝藩（高島市）藩主。藤原南家工藤氏の末裔の高景が足利尊氏に仕えて伊勢国安濃郡安濃の地頭となり、光久の時に同郡分部（三重県津市分部）に住んで分部氏を称したという。代々分部城に拠って長野氏に従う。1595（文禄4）年に光嘉が豊臣秀吉に従い、97（慶長2）年伊賀上野で1万石を領した。

関ヶ原合戦では東軍に属して伊勢安濃津城に拠り、戦後2万石に加増された。1619（元和5）年光信の時近江大溝（高島市）に転封となった。1884（明治17）年光謙の時に子爵となる。

I　歴史の文化編　51

博物館

滋賀県立琵琶湖博物館
〈トンネル水槽〉

地域の特色

　滋賀県は日本のほぼ中央に位置し、北は福井県、東は岐阜県、南東は三重県、西は京都府と接している。そして伊吹、鈴鹿、比良など1,000メートルを超える高い山々に囲まれている。県の面積の約6分の1を占める日本最大の湖・琵琶湖の存在が滋賀県の一番の特徴である。

　琵琶湖には周辺の山々から流れ出る大小の河川が扇状地や三角州をつくりながら湖に注ぎ、近江盆地を形成している。近江南部は温暖な太平洋側気候、湖北および近江西部は冬期に降雪が多い日本海側気候となっている。滋賀県の総面積の38パーセントにあたる自然公園もあり、その面積において全国1位。身近にふれ合える自然が豊かであることを示している。

　滋賀県はその地理的特性から、京都、奈良、大坂への物資や人材の供給源や中継地として、あるいは畿内と東国・北国とを結ぶ要衝として発展してきた。戦国期に織田信長が当時の政治の拠点としたのはその象徴でもある。歴史的資源もきわめて多い。

　滋賀県の面積は4,017平方キロメートル、人口は140万9千人である（2021（令和3）年10月1日現在）。滋賀県の博物館のネットワークとして滋賀県博物館協議会があり、70館が加盟し相互交流を図っている。

主な博物館

滋賀県立琵琶湖博物館　草津市下物町

　琵琶湖博物館は、草津市の琵琶湖湖岸にある県立の博物館で1996（平成8）年に開館、琵琶湖と人間の関わりをテーマにした博物館である。琵琶湖に関する資料を、11分野51万2,036点収蔵し利用に供している（2016（平成28）年現在）。

　琵琶湖の生い立ち、琵琶湖と人との歴史、そして琵琶湖周りの環境や人

のくらしの変化、国内最大級の淡水の生き物の水族展示など、まさに総合的で多様な展示室がある。水族館施設は、他では珍しい淡水魚を中心とするもので、琵琶湖の固有種が全て見られるほか、国内外の淡水魚も展示されている。面積は約２千平方キロメートルで淡水生物の展示室としては国内最大級。展示の他、「ディスカバリールーム」「おとなのディスカバリー」では、子どもから大人まで五感を使って琵琶湖を楽しめる仕掛けがある。

　また、参加型の博物館としてフィールドレポーターや「はしかけ制度」など利用者のニーズに沿った博物館活動を展開するほか、観察会やわくわく探検隊などの交流プログラムも年間を通じて実施している。

滋賀県立安土城考古博物館　近江八幡市安土町下豊浦

　安土城考古博物館は、特別史跡の安土城跡をはじめ、史跡観音寺城跡、同瓢箪山古墳、同大中の湖南遺跡で構成される「近江風土記の丘」の中心的な施設として1992（平成４）年に開館した。弥生・古墳時代と戦国・安土桃山時代を中心テーマとする二つの常設展示室では、風土記の丘の各史跡の紹介に加え随時展示替えを行っている。「信長研究室」と名付けられたブースでは、コンピュータ検索システムで、織田信長のことや安土城の発掘状況などを調べることができる。また、展示活動に加え、館の学芸員や多彩な外部講師を迎えて開催する講座・講演会、親子で楽しめる体験学習などを行い、地域の生涯学習・文化財保護の拠点施設として活動している。

　館内に併設されている公益財団法人滋賀県文化財保護協会の「調査課安土分室」では、県内の遺跡から出土した資料の復元や整理調査作業などが公開で行われており興味深い。また敷地内には、「旧安土巡査駐在所」など国や県の指定文化財の建造物が移築保存してある。

長浜市長浜城歴史博物館　長浜市公園町

　琵琶湖に近い豊公園内にある歴史博物館。戦国時代末期に豊臣秀吉が城主として過ごした長浜城は、江戸時代前期に廃城になり、わずかな石垣と井戸だけが残っていた。1983（昭和58）年に安土桃山時代の城郭を模して「昭和新城」が復元され、その内部が展示施設としての歴史博物館となったものである。

　展示室は２階と３階に分かれており、期間ごとに特別展や企画展が開催

I　歴史の文化編　53

されている。2階では、さまざまなテーマに沿って湖北・長浜ゆかりの資料が展示されている。3階では、「秀吉と長浜」をメインテーマに秀吉のほか、浅井長政、石田三成といった長浜と関わりの深い人物たちの足跡や人物像を紹介した常設展示を行っている。湖北を一望する5階の展望台では、琵琶湖をはじめ、竹生島や伊吹山の眺望を楽しめるほか、浅井氏との合戦の場「姉川古戦場」や「賤ヶ岳古戦場」も眺めることができ、戦国時代における長浜の重要性を実感することができる。

大津市歴史博物館　大津市御陵町

　大津市歴史博物館は、1990（平成2）年に開館した。大津は東西交通の要地として重視され、各時代において日本の表舞台にしばしば登場してきた。こうした大津の足跡をしるす数多くの歴史・美術工芸・考古・民俗の各資料を収集・保管・調査研究し広く公開している。

　常設展示では、漁村、門前町、宿場町、城下町など、大津市内の各地域のさまざまな歴史のありさまを、生活風景を表す人形を取り入れた町並み復元模型によって紹介するほか、実物資料やレプリカ、イラストなどによって、親しみやすく展示している。2階の展望ロビーからは、琵琶湖を一望することができる。館内の常設展示室・企画展示室のほかには、昭和期の大津の懐かしい映像を放映するブースや歴史クイズコーナーなどを設置し、多様なニーズに合わせた歴史情報を提供している。また、大津の歴史や文化に関する多彩な企画展や講座のほか、知られていない市内外の史跡を巡る見学会の開催など、幅広い活動を行っている。

彦根城博物館　彦根市金亀町

　彦根城博物館は、1987（昭和62）年に彦根市の市制50周年を記念して、彦根城表御殿跡地にその復元を兼ねて建てられた博物館である。彦根は、彦根城を中心とする城下町として栄え、数々の歴史・文化を育んできた。代々彦根藩主を務めた井伊家には、このことを物語る豊富な美術工芸品や古文書が伝えられてきた。その数は約4万5千点に上り、現在、それらは彦根城博物館所蔵資料の中核となっている。その他、彦根および彦根藩に関する資料も収集しており、収蔵資料は9万1千点を超える。

　彦根城は、国宝の天守や重要文化財の天秤櫓など、江戸時代の建築物を

今に伝え、一帯が国の特別史跡に指定されている。その城域内に彦根藩庁として建っていたのが表御殿である。彦根城博物館は、この表御殿の復元と博物館機能の一体化を目指し建築された。当時の能舞台・御殿・庭園が現代によみがえり、大名道具の展示と併せ、近世大名文化を実感できる博物館となっている。

国友鉄砲ミュージアム　長浜市国友町

　国友村（現在の長浜市国友町）は、1543（天文12）年に種子島へ鉄砲が伝わった翌年に足利将軍の命を受けて火縄銃の生産が始まった地である。その後、信長ら時の権力者の保護を受けて鉄砲の生産が行われた。日本の歴史を変えたともいわれる火縄銃のミュージアムとして、1987（昭和62）年に開館した。

　鍛冶の様子がジオラマにされ、シアターでは火縄銃の歴史が紹介されるなど、鉄砲がつくられていく過程と背景が学べるようになっている。展示されている銃は大小合わせて約40挺あり、実物を手にしながらその重さを体感できるコーナーもある。国友の鉄砲技術は、火薬調合技術を生かして花火の製造や仏壇などの彫金技術に発展する一方、工夫改良する風土の中から儒学者や科学者が生まれた。その一人である國友一貫斎は、反射望遠鏡を自作するなど日本の天文学を創始して東洋のエジソンともいわれる人物で、その展示も興味深い。旧北国街道沿いに立つミュージアム周辺は、鍛冶屋敷跡など歴史的遺産を生かした整備がされ気軽に散策が楽しめる。

草津宿街道交流館　草津市草津

　江戸時代、東海道と中山道が合流する宿場町として栄えた草津宿には、国史跡である草津宿本陣や数々の道標など多くの歴史遺産がある。草津宿街道交流館は、このような歴史資源とそれらに関する歴史資料を紹介する資料館として1999（平成11）年に開館した。江戸時代後期の草津宿まちなみ模型や宿にまつわる歴史資料の他、旅の装束を身に着けての写真撮影や浮世絵摺りを体験できるコーナーもある。

西堀榮三郎記念探検の殿堂　東近江市横溝町

　西堀榮三郎記念探検の殿堂は、東近江市にゆかりのある科学者・探検家

Ⅰ　歴史の文化編　　55

であり日本南極地域観測隊で第一次越冬隊長を務めた西堀榮三郎を記念して建設された。次の時代を担う若者たちに、体験活動を通して西堀の「探求心」「創意工夫」「新しい技術の試み」を考えてもらっている。併せて、近代日本の著名な探検家たちの紹介や、チャレンジ精神に溢れた活動をしている個人・団体との連携展示も行っている。

滋賀県平和祈念館　東近江市下中野町

滋賀県平和祈念館は、20年以上の準備期間を経て2012（平成24）年に開館した。東近江市愛東支所を活用した施設である。「モノと記憶の継承」「自らできることのきっかけづくり」「県民参加型の運営」をコンセプトに、人々の戦争体験を語り継ぎ、戦争の悲惨さや平和の尊さを学び、平和を願う豊かな心を育むための拠点である。学校や地域の平和学習の支援を行っており、校外学習や研修利用もできる。

大津市科学館　大津市本丸町

1970（昭和45）年、大津市立科学館として開設された後、92（平成4）年に大津市生涯学習センター内に移転・整備された。滋賀県唯一の科学館。デジタル式のプラネタリウムを備え全天周映像を快適に楽しめる。2階は宇宙から見た地球や、琵琶湖・大津を科学するフロア、3階は科学の基礎のフロアなどさまざまな展示や体験・実験の場がある。楽しみながら、科学の仕組みや科学と自然や人間とのつながりを学ぶことができる。

伊吹山文化資料館　米原市春照

滋賀と岐阜の両県にまたがる伊吹山（標高1,377メートル）を中心とする伊吹山地は雄大な自然に恵まれ、歴史と文化を含めたさまざまな資源を有している。「伊吹山地とその山麓の自然と文化」をメインテーマに設定し、1998（平成10）年、小学校分校であった校舎を利用してオープンした。伊吹山の自然に関する鉱物や自然資料、発掘調査で明らかになった考古資料、そして山麓に暮らした人々の生活・生産用具を展示している。

名 字

〈難読名字クイズ〉
①有馬殿／②姓濃／③巨椋／④鳩代／⑤口分田／⑥漣／⑦皇／⑧常諾／⑨羽者家／⑩比売宮／⑪鉤／⑫裸／⑬峠岡／⑭六／⑮万木

◆地域の特徴

滋賀県の名字のベスト5は田中、山本、中村、西村、山田で近畿地方の典型的分布。いずれも県全体に広がっているが、山本は県南部、山田は県東部に多い。滋賀県の特徴は、6位中川と7位北川がほぼ同数で並んでいること。別に珍しい名字ではないが、北川がベスト10に入っているのは滋賀県のみ。人口比ではともに滋賀県が全国一で、滋賀県から北陸にかけて多い名字だ。県内では彦根市で最多となっている。中川は湖北地区に多く、長浜市で最多。

この他、15位辻、16位奥村、18位西川なども、これほどランキングの上位に入っている県は珍しい。これ以下をみても、地形や方位に由来する名字が圧倒的に多く、100位以内には滋賀県独特の名字は全くないといっていい。また、上位は隣の京都府と非常に似ており、大きく違うのは京都府で第9位の松本が滋賀県では27位となっていることくらい。

101位以下では寺村、深尾、疋田（ひきた）、横江、田井中、駒井、上林（かんばやし）、脇坂、

名字ランキング（上位40位）

1	田中	11	吉田	21	藤田	31	小川
2	山本	12	小林	22	高橋	32	加藤
3	中村	13	清水	23	上田	33	大橋
4	西村	14	北村	24	橋本	34	青木
5	山田	15	辻	25	中島	35	鈴木
6	中川	16	奥村	26	谷口	36	今井
7	北川	17	森	27	松本	37	渡辺
8	木村	18	西川	28	前田	38	松田
9	林	19	伊藤	29	岡田	39	中西
10	井上	20	山口	30	村田	40	松井

I 歴史の文化編　57

野瀬、松宮、桂田、神山、夏原、桐畑などが特徴。このうち、深尾と神山は岐阜県と、疋田・松宮は福井県と共通する名字である。

114位には馬場、122位には馬場と馬場が2つ入っている。馬場とは、乗馬の練習をした場所のことで、馬場という名字も沖縄と出羽地方を除く各地に広く分布している。しかし、そのほとんどの読み方は「ばば」である。ところが、滋賀県では馬場と書いて「ばんば」と地名がいくつかある。また、京都市の柳馬場通も「やなぎのばんばどおり」と読むなど、この地域では馬場を「ばんば」と読むのは珍しいことではない。こうした「ばんば」地名に由来する馬場という名字は「ばんば」と読む。

滋賀県では馬場という名字の半数を超える51％が「ばんば」と読み、49％が「ばば」。県内では「ばんば」の方がわずかに多い。隣の京都府でも45％が「ばんば」と読むが、この2府県以外では「ばんば」と読むのは珍しい。

この他、藤居、松居、中居、浅居など、「井」の代わりに「居」の字を用いた名字が多いのも滋賀県の特徴の一つ。とくに藤居は全国の半数近くが滋賀県にあり、長浜市と彦根市に集中している。

岐阜県との県境にある伊吹山は古くから霊峰とされた。この伊吹山をルーツとする伊吹という名字も滋賀県らしい名字の一つ。長浜市に多く、とくに伊吹山麓の旧浅井町に集中している。伊吹町では、漢字の変化した伊富貴が多いほか、伊夫伎や井吹という書き方もある。

● 地域による違い

滋賀県は県の中央に琵琶湖があり、その周囲を大きく4つの地域に分けることができる。

大津市を中心とする湖西地区は、京都市のベッドタウンでもあるため、京都市と似たような分布となっている。とくに大津市では滋賀県全体の分布と大差がないが、堀井や青山が比較的多い。

高島市は平成大合併で高島郡に所属する6つの町村が合併したものだが、合併以前の町村で一番多い名字は、旧高島町が林、旧安曇川町が中村、旧新旭町が清水、旧今津町が藤原、旧マキノ町が青谷、旧朽木村が山本とすべて違っていた。また、2位以下にも独特の名字が多く、旧高島町の2位は万木と書いて「ゆるき」と読む難読名字。万木は旧安曇川町の地名をルーツとするもので、宇多源氏の流れを汲む名家である。この他にも、旧高島町の三矢・大辻、旧安曇川町の早藤、旧新旭町の饗庭、旧今津町の河原田・

桂田、旧マキノ町の粟津などが独特。

　草津市から甲賀市にかけての湖南地区は、近年急速に発展した地域で、他府県からの人口の流入も多く、あまり特徴がみられない。しいてあげれば、山元、宇野、奥村などがこの地域を代表する名字といえる。独特の名字としては、草津市の杉江、栗東市の国松、湖南市の上西など。とくに上西を「じょうにし」と読むのは湖南市の旧甲西町独特の読み方である。

　甲賀市では、旧水口町の鵜飼・宿谷、旧甲賀町の瀬古・広岡・雲、旧土山町の立岡・土山、旧信楽町の神山（こうやま）・黄瀬・植西などが独特。瀬古は三重県の名字であるなど、この地域では三重県の影響もみられる。

　琵琶湖東岸に広がる湖東地区は、滋賀県本来の名字が多く残る地域である。全般的に北川、西川、西村、辻など、滋賀県の特徴となっている方位や地形由来の名字が非常に多い。

　守山市では三品、野洲市では白井、苗村（なむら）、竜王町では古株、日野町では池元、近江八幡市の旧安土町では山梶、愛荘町では上林、藤居などが特徴。

　東近江市では、旧能登川町の最多が田井中だった。田井中は実に全国の約3割が旧能登川町だけに集中しているという特異な名字。かつて琵琶湖につながる内湖としては最大の面積を誇った大中ノ湖に由来するとみられる。旧八日市市の小梶、旧五個荘町の猪田（いのた）・市田、旧永源寺町の端（はじ）・松吉（まつよし）・図師（ずし）、旧蒲生町の福永、旧湖東町の国領（こくりょう）なども独特。

　犬上郡の3町は合併しなかったため、現在でも多賀町で夏原が最多なほか、豊郷町で浅居、甲良町で松宮、多賀町で小財が多いなど独特の分布となっている。

　湖北地区になると、さらに独特の分布となる。中心都市である長浜市は、平成大合併で、東浅井郡・伊香郡全域を吸収して広大な市域となった。これらの地域には独特の名字も多く、旧湖北町では脇坂、旧余呉町では桐畑が最多だったほか、旧湖北町の七里、旧浅井町の宮元、旧高月町の弓削（ゆげ）、旧木之本町の岩根、旧余呉町の武友など、独特の名字が多い。

　一方、旧坂田郡は4町が合併して米原市となった。ここでは、旧米原町の鍔田（つばた）、旧近江町の柏渕、旧山東町の丸本・野一色（のいしき）、旧伊吹町の伊賀並（いがなみ）が独特。

●佐々木一族

　滋賀県を代表する一族は佐々木氏である。近江八幡市の安土駅東側の田

Ⅰ　歴史の文化編　　59

園地帯の中に沙沙貴神社という古い神社があり、この付近一帯は中世に佐々木荘と呼ばれていた。ここに住んだ氏族が名乗った名字が佐々木である。

実は、佐々木氏には2つの流れがある。もともと古代からこの地に住み、沙沙貴神社の神官でもあった古代豪族の佐々木氏と、平安時代後期に宇多源氏の末裔が武士として赴任して地名をとって名乗った武家の佐々木氏の2氏である。

平安末期、佐々木神主系の佐々木氏は平家政権のもとで栄えていた。そこで、宇多源氏佐々木氏は一発逆転を狙って流人であった伊豆の源頼朝のもとに自分の子どもを派遣したのだ。この狙いは見事に当たり、頼朝が政権をとると、宇多源氏佐々木氏は幕府の有力氏族となって大きく発展をとげ、全国に一族が広がっていった。

地元佐々木荘では、2つの佐々木氏は婚姻関係を結んで同化し、やがて沙沙貴神社を中心とする1つの佐々木氏としてまとまった。そして系図も統合し、沙沙貴神社には本来宇多源氏系佐々木氏の家紋である四つ目結が記され、境内の一角には佐佐木源氏発祥の地という碑も建てられている。

佐々木一族は周辺一帯に広がって、地名を名字とした。山陰の戦国大名尼子氏、近江の戦国大名六角氏、江戸時代の丸亀藩主京極家、福知山藩主朽木家、播磨林田藩主建部家は武家佐々木氏の出である。

● 甲賀一族

甲賀地方は、伊賀と並ぶ忍者の里で、ここには甲賀53家といわれる数多くの地侍がいた。有名な一族には望月家、伴家、山中家、美濃部家、和田家、三雲家、多羅尾家、杉谷家などがある。

この中で棟梁的な存在だったのが山中家で、戦国時代は六角氏に従い、永禄11（1568）年に六角義賢・義治父子が織田信長に追われて甲賀郡に逃げると、六角氏とともに信長と戦っている。のち信長に仕えたが、天正13（1585）年豊臣秀吉によって所領を奪われ帰農した。

本能寺の変の直後、堺にいた徳川家康がわずかな供を引き連れて領国の三河に逃れたとき、途中で甲賀を通過した際に甲賀武士たちが家康の護衛をしたことから、のちに家康の家臣となった一族も多い。美濃部氏の子孫は旗本となり、その末裔からは落語家の古今亭志ん生が出ている。

● 浅井一族の読み方

　近畿地方を代表する戦国大名の一つに、近江の浅井氏がある。亮久・久政・長政と3代にわたって近江の戦国大名として活躍、とくに長政は織田信長の妹お市の方を妻としたことでも知られる。しかし、信長が朝倉氏を攻めた際には信長を裏切って朝倉方につき、後に信長によって滅ぼされている。

　この浅井長政、一般的には「あさい・ながまさ」といわれているが、戦国時代に詳しい人だと「あざい」と濁って読むことがある。平成23 (2011)年のNHK大河ドラマ「江」でも浅井氏のことを「あざい」と発音していた。

　これは、平成22年に長浜市に合併した滋賀県東浅井郡浅井町という地名が、郡名も町名もともに「あざい」と濁って読んで読んでいたことや、『節用集』という資料に「あざい」と振られていることに由来している。

　しかし、この資料では越前の朝倉氏のことも「あざくら」と読んでいることや、現在の東浅井郡が昔から「あざい」だったかどうかは確認できないことから異論もあり、「やはり、あさいが正しい」という説もあってはっきりとしない。

◆滋賀県ならではの名字

◎一円
　　いちえん

　多賀町の一円という名字は、お金の単位に由来するものではない。ルーツは町内にある地名で、かなり古くから同地に一円氏がいたことが知られている。のち一族は土佐に移り、戦国時代には室戸市の羽根城主の一円氏がいた。現在でも、滋賀県と高知県に集中している。

◎上坂
　　こうさか

　上坂は「うえさか」と読むものが一番多いが、滋賀県では9割以上が「こうさか」である。近江国坂田郡上坂（長浜市上坂）がルーツで、上坂城に拠り、室町時代は京極氏の重臣を務め、戦国時代は浅井氏の家臣となった上坂氏がいた。なお、地名は「こうざか」と濁る。

◆滋賀県にルーツのある名字

◎尼子
　　あまこ

　近江国犬上郡尼子郷（犬上郡甲良町尼子）をルーツとする名字。宇多源氏京極氏の支流である。のち出雲守護代として下向し、富田月山城（島根県安来市広瀬町）に拠って戦国大名として山陰に大きな勢力を振るった。

Ⅰ　歴史の文化編　　61

◎朽木
　近江国高島郡朽木荘（高島市）をルーツとする宇多源氏佐々木氏の一族。室町幕府の御家人で、一時的に京都を追われた将軍を匿ったこともある。織田信長、豊臣秀吉に仕え、江戸時代は丹波福知山藩主となる。

◎多賀
　多賀町にある多賀大社の神官を務める多賀氏は、古代豪族中原氏の末裔。この近江中原氏は崇峻天皇の末裔と伝え、室町時代には武士化した。

◎外村
　近江国神崎郡外村（東近江市）がルーツ。現在でも東近江市や彦根市に集中している。九州南部では「ほかむら」、静岡県では「とむら」、岩手県では「そとむら」が多い。

◎目片
　近江国愛知郡目賀田村（愛荘町目加田）をルーツとする目賀田氏から漢字が変化したもので、現在は「目片」の方が多い。全国の3分の2近くが滋賀県にあり、大津市と京都市に集中している。

◆珍しい名字

◎浮気
　低湿地のことを「ふけ」といい、いろいろな漢字をあてたが、そのなかの一つとみられる。名字としての読み方は「うき」や「うきぎ」が多く、なかには「うわき」と読む家もある。

◎倶利伽羅
　長浜市にある名字。元は天台宗の僧侶で福永だったが、豊臣秀吉の朝鮮出兵に従軍したために、跡を継いだ住職が浄土真宗に改宗して倶利伽羅を称したと伝える。

◎善那
　米原市にある名字。7世紀に孝徳天皇に初めて牛乳を献上したのが、渡来人の善那という人物といわれている。滋賀県東部は渡来人の多い地域でもあり関係があるか。

〈難読名字クイズ解答〉
①ありまでん／②うじの／③おぐら／④くしろ／⑤くもで／⑥さざなみ／⑦すめらぎ／⑧とこなぎ／⑨はじゃけ／⑩ひめみや／⑪まがり／⑫みそぎ／⑬みねおか／⑭むつ／⑮ゆるき

II

食の文化編

米 / 雑穀

地域の歴史的特徴

　琵琶湖は日本最大の湖である。紀元前100年頃、琵琶湖畔の大中周辺で稲作を行う農耕集落が成立し、大量の木製農具が使用されていたことが湖南遺跡などの発掘調査で明らかになっている。琵琶湖の南側や東側は、古くから近江米の産地として知られている。

　1868（明治元）年には現在の滋賀県の前身にあたる大津県が誕生した。1872（明治5）年には滋賀県と犬上県が合併し、現在の滋賀県が誕生した。県名のシガは砂州や湿地帯を意味する。琵琶湖畔の湿地帯の意味である。1881（明治14）年には若越4郡が福井県に編入され、分離した。

コメの概況

　滋賀県の耕地面積のうち92.2％が水田で、水田率は富山県に次いで、全国で2番目に高い。農業産出額に占めるコメの比率は54.4％で、富山県、福井県に次いで全国で3番目に高い。

　水稲の作付面積、収穫量の全国順位はともに17位である。収穫量の多い市町村は、①東近江市、②長浜市、③高島市、④近江八幡市、⑤甲賀市、⑥彦根市、⑦野洲市、⑧米原市、⑨大津市、⑩守山市の順である。県内におけるシェアは、東近江市17.1％、長浜市15.4％、高島市9.8％、近江八幡市9.1％などで、この4市で半分以上を生産している。

　滋賀県における水稲の作付比率は、うるち米95.2％、もち米3.4％、醸造用米1.4％である。作付面積の全国シェアをみると、うるち米は2.2％で全国順位が埼玉県、長野県、兵庫県、熊本県と並んで14位、もち米は1.9％で岐阜県と並んで13位、醸造用米は2.2％で福島県と並んで12位である。

　滋賀県内で生産されるうるち米、醸造用米、もち米を総称して「近江米」とよんでいる。近江米は京阪神や中京地方に出荷されている。

知っておきたいコメの品種

うるち米

（必須銘柄）秋の詩、キヌヒカリ、吟おうみ、コシヒカリ、日本晴、みずかがみ、ゆめおうみ、レーク65

（選択銘柄）あきたこまち、きぬむすめ、ササニシキ、にこまる、ハイブリッドとうごう3号、ハナエチゼン、はるみ、ヒカリ新世紀、ひとめぼれ、ヒノヒカリ、みつひかり、みどり豊、ミルキークイーン、ゆうだい21、夢ごこち、夢の華、夢みらい

　うるち米の作付面積を品種別にみると、「コシヒカリ」が最も多く全体の38.6％を占め、「キヌヒカリ」（23.2％）、「日本晴」（10.6％）がこれに続いている。これら3品種が全体の72.4％を占めている。

● **コシヒカリ**　湖北、湖東、湖西地区を中心に全県的に栽培されている。2015（平成27）年産の1等米比率は76.0％だった。県内産「コシヒカリ」の食味ランキングはAである。

● **キヌヒカリ**　湖南、中部、湖東地区を中心に栽培されている。全国的にも滋賀県で多く栽培されている。

● **日本晴**　「ヤマビコ」と「幸風」を交配して育成された。湖南、甲賀、中部、湖東地区の平坦地を中心に栽培されている。粘りが弱く、ほどよい硬さのため、すし米に向いている。

● **秋の詩**　滋賀県が「吟おうみ」と「コシヒカリ」を交配して育成した。2015（平成27）年産の1等米比率は85.5％だった。県内産「秋の詩」の食味ランキングは特Aだった年もあるが、2016（平成28年）産はAだった。

● **みずかがみ**　滋賀県が「滋賀66号」と「滋賀64号」を交配して、育成し、2013（平成25）年秋にデビューした。美しく輝く豊かな琵琶湖の水が連想されるとして命名された。「コシヒカリ」より数日から1週間早い早生品種である。夏の暑さにも強い温暖化対応品種である。県内の水稲全作付品種に占める「みずかがみ」の作付比率は7.2％である。2015（平成27）年産の1等米比率は87.7％だった。県内産「みずかがみ」の食味ランキングは2年連続で最高の特Aに輝いた。

Ⅱ　食の文化編　　65

- **レーク65** 「ヒノヒカリ」と「キヌヒカリ」を交配して、滋賀県が育成した早生品種である。地力中よう以上の地域に適している。

もち米

（必須銘柄）滋賀羽二重糯

（選択銘柄）ヒメノモチ、マンゲツモチ

　もち米の作付面積の品種別比率は「滋賀羽二重糯」が最も多く全体の88.2％を占めている。

- **滋賀羽二重糯** 1938（昭和13）年に滋賀県で改良羽二重糯から純系分離して育成され、県内全域で生産されている。長年にわたり和菓子などにも活用されている。産地の一つ、甲賀市の小佐治地区では「小佐治のもち」を製造、直売している。

醸造用米

（必須銘柄）吟吹雪、玉栄、山田錦

（選択銘柄）滋賀渡船6号

　醸造用米の作付面積の品種別比率は「吟吹雪」が最も多く全体の21.4％を占め、「玉栄」（14.3％）がこれに続いている。この2品種が全体の35.7％を占めている。

- **吟吹雪** 滋賀県が「山田錦」と「玉栄」を交配して1995（平成7）年に育成した。滋賀県中南部の地力中よう以上の地域に適している。
- **玉栄** 愛知県が「山栄」と「白菊」を交配して1965（昭和40）年に育成した。主に湖南地方、湖東地区の平坦部で栽培されている。

知っておきたい雑穀

❶小麦

　小麦の作付面積の全国順位は4位、収穫量は7位である。栽培品種は「農林61号」「ふくさやか」などである。市町村別の作付面積の順位は①東近江市（シェア22.9％）、②近江八幡市（14.8％）、③長浜市（13.0％）、④野洲市（9.1％）、⑤守山市（5.9％）の順である。

❷二条大麦

　二条大麦の作付面積の全国順位は17位、収穫量は15位である。統計に

よると、滋賀県で二条大麦を栽培しているのは近江八幡市だけである。

❸六条大麦

六条大麦の作付面積の全国順位は10位、収穫量は9位である。市町村別の作付面積の順位は①長浜市（シェア35.4％）、②高島市（18.7％）、③東近江市（11.4％）、④大津市（10.1％）、⑤竜王町（8.8％）で、これら5市町が県全体の8割以上を占めている。

❹はだか麦

はだか麦の作付面積の全国順位は8位、収穫量は7位である。産地は彦根市などである。栽培品種は「イチバンボシ」などである。

❺キビ

キビの作付面積の全国順位は6位である。統計では収穫量が不詳のため、収穫量の全国順位は不明である。統計によると、滋賀県でキビを栽培しているのは高島市だけである。

❻そば

そばの作付面積の全国順位は18位、収穫量は14位である。主産地は長浜市、米原市、東近江市、高島市などである。栽培品種は「常陸秋そば」「在来種」「信濃1号」などである。

❼大豆

滋賀県における大豆、小豆を含めた豆類の農業産出額に占める比率は2.7％である。これは北海道を上回り、全国で最も高い。

大豆の作付面積、収穫量の全国順位はともに6位である。県内の全市町で広く栽培されている。主産地は東近江市、長浜市、近江八幡市、野洲市、彦根市などである。栽培品種は「フクユタカ」「エンレイ」「オオツル」などである。

❽小豆

小豆の作付面積の全国順位は福岡県と並んで26位である。収穫量の全国順位は23位である。主産地は高島市、長浜市、東近江市、米原市などである。

コメ・雑穀関連施設

● **愛知川用水**（東近江市、近江八幡市、愛荘町、豊郷町）　受益地域は湖東平野のほぼ中央に位置し、7,500haに及ぶ扇状地である。古来より近

江米の主産地として稲作が盛んな地域だった。愛知川用水は1952（昭和27）年に着工した国営事業などによって、永源寺ダムとともに築造された水路ネットである。持続的な農業の発展に貢献している。

- **野洲川流域**（甲賀市、湖南市、栗東市、野洲市、守山市） 水源の野洲川ダムは国営農業用コンクリートダムの第1号である。近代的な農業水利施設は、基幹施設である水口・石部の各頭首工が1947（昭和22）年から55（同30）年にかけて国営事業として造成された。上流で取水された用水の65％が下流に流出し、それを各頭首工で取水するなど水資源を有効活用している。流域は近江米の穀倉地帯である。

- **湖北用水**（長浜市） 湖北地域の用水源は高時川など3河川からの取水が大部分を占めていたが、扇状地のため用水の地下への浸透が大きく水不足を生じていた。このため、1965（昭和40）年度から86（同61）年度にかけ、国営湖北土地改良事業が行われ、琵琶湖などにも用水補給源を求めて用水不足を解消した。受益水田面積は4,720haである。

- **淡海湖**（高島市） 人里から4km離れた標高450mの山中にあるため池である。淡海耕地整理組合が大正年間（1912～26）に築いた。湖面12ha、貯水量は132万トンである。渓谷につくった堰堤から1.2kmのトンネルを掘って導水した。池の築造と並行して100haの耕地整理が行われ、桑畑が水田に変貌し、現在は滋賀県を代表する早場米の産地になっている。

- **八楽溜**（東近江市） 同市大沢地区で江戸時代に築造されたかんがい用のため池である。1616（元和2）年に帰農した武士たちが原野を開墾したものの、周囲の村から用水の供給を受けられなかったため、近江彦根藩の第2代藩主井伊直孝に請願して実現した。現在も水田を潤しているほか、1998（平成10）年には池伝統の「総つかみ・オオギ漁」が復活した。

コメ・雑穀の特色ある料理

- **ふなずし**（琵琶湖周辺） なれずしの一種で、琵琶湖にしか生息しないニゴロブナの子持ちの雌を塩漬けにし、ご飯とともに半年以上、たるの中で発酵させる。ただ、すしといってもご飯は食べず、魚を薄くスライスして食べる。奈良時代前から続く郷土料理である。田んぼで産卵する

ため、川を上ってきた際に捕獲する。

- **アメノイオごはん**　ビワマスの炊き込みごはんである。秋になって雨が降ると、ビワマスが産卵のために野洲川をさかのぼる。卵をもった雌のビワマスをこの地方では「アメノイオ」「アメノウオ」「アメウオ」などとよぶ。現在では、保護のため時期によって捕獲を禁止している。

- **シジミご飯**　琵琶湖では固有種のセタシジミが採れる。貝殻はべっこう色で、殻は小さく身が大きい。夏場の土用シジミは暑さ負けに効き、寒シジミは味が良いとされる。シジミはショウガなどとともに汁気がなくなるまであらかじめ煮込み、炊き上がったご飯に混ぜる。

- **山菜天丼**　滋賀の山里は山菜が豊富である。ヤマウドの若葉やつぼみ、カボチャの薄切り、ナス、シシトウなどを天ぷらにしてご飯にのせて甘めの天つゆをかけ、好みでミョウガやショウガをのせたのが山菜天丼である。旬の季節は、山菜の若葉の出る春である。

- **打ち豆雑煮**　打ち豆は、水でふやかした大豆を木槌などで打ちつぶしてつくった豆汁に、小ぶりのもち、サト芋、ニンジンなどを入れてつくる。湖東、湖北地方を中心に食べられる雑煮の一つである。大豆を沸騰した湯に2〜3分つけ、取り出して布巾で包み、半日程度水分を吸い込ませてからつぶしてもよい。

コメと伝統文化の例

- **大野木豊年太鼓踊り**（米原市）　太鼓踊りは、雨乞いのため、太鼓を打ち鳴らし踊る郷土芸能である。踊り方、歌い方、囃子方、添音頭取り、獅子舞などで構成する。歌い方は紋付き、はかまを着用する。開催は10月。

- **虫送り**（竜王町）　稲の害虫を追い払い、五穀豊穣を祈る伝統的な行事である。枯れた菜種殻などでつくった松明に氏神のご神灯の火を点け、にぎやかに鉦や太鼓を打ち鳴らしながら夕暮れのあぜ道を進む。松明の煙と炎が田の虫を追い払うとされる。開催日は、7月上旬〜下旬で集落ごとに異なる。

- **粥うらない**（竜王町）　大きな釜に前年収穫した米と竹筒を入れてかゆを炊き、炊き上がった後、竹筒の中のかゆの詰まり具合でその年のコメの作柄を占う。平安時代から続くとされる伝統行事である。会場は竜王

町田中の八幡神社。開催日は毎年1月14日。

- **おこない**（長浜市）　おこないは、村人の結びつきを強め、豊作を祈る祈念祭である。滋賀県の湖北と甲賀地方では旧村ごとに行われ、盛んである。祈願の対象は地域によって、観音様、氏神様、薬師様などまちまちである。開催時期は1月〜3月が多い。
- **おはな踊り**（甲良町）　甲良町北落の日吉神社で行われる雨乞いの踊りである。村人の水への願望と、竜神との約束を違えたために命を絶たれたおはなという美女の物語が踊りとなった。踊りは慈雨をもたらされた村人の喜びを表し、伝承されている。日吉神社の横には「おはな堂」がある。開催日は毎年8月21日。
- **すし切り祭り**（守山市）　守山市幸津川町の下新川神社の境内で、当番の若者2人がかみしも姿で、古式に従って鉄製の真魚箸と包丁を両手に持ってまな板の上のフナずしを切り、神に供える。これに続いて、子どものなぎなた踊り、神輿の渡御などが行われる。開催日は毎年5月5日。

こなもの

のっぺいうどん

地域の特色

　滋賀県は、近畿地方の北東部に位置し、県の中央部に琵琶湖がある内陸県である。かつては「近江の国」ともいわれた。江戸時代には、多くの領主がいたため、領土の分割も多かった。琵琶湖の沿岸には、湖北・湖東・湖西・湖南にそれぞれ平野が開けている。湖東と湖西の外側には、伊吹山脈、鈴鹿山脈などの山々が囲んでいる。気候は北部と南部で分かれている。北部の気候は北陸の気候に近く、冬の積雪が多く、北部はさらに雪は深くなっている。

　江戸時代には、琵琶湖周辺は京都と大阪（江戸時代は「大坂」）に通じる交通の宿場町として栄え、琵琶湖の水運が栄えた。古くから、琵琶湖や琵琶湖に繋がる河川は水害が多かった。明治時代には、利水と治水のための琵琶湖疏水と南郷洗堰などがつくられた。

食の歴史と文化

　滋賀県の農業の特徴は、琵琶湖への環境汚染を配慮し、農薬・化学肥料の使用を少なくする「環境こだわり農業」を推進していることである。農業の中心は稲作で、古くから「近江米」として知られていた。現在の栽培品種は「コシヒカリ」が最も多い。米から小麦へ、米から大豆への転作は、減反政策に伴い行われた。大豆については丹波黒（黒大豆）も生産している。

　古くからお茶どころとして知られていて、朝宮茶・土山茶・政所茶が生産されている。畜産物としては近江牛が有名で、この味噌漬けは名産品となっている。

　水産業は、琵琶湖で漁獲される川魚が主体である。佃煮として利用することが多いが、ゲンゴロウブナ（ニゴロブナ）の「フナずし」は、日本のすしの原形といわれている。「フナずし」は琵琶湖周辺の郷土料理であり

Ⅱ　食の文化編

正月や祭りには欠かせない料理である。琵琶湖で養殖した稚アユは、全国の河川に分け、各河川では5～6月になると、アユ釣り用の成魚に成長する。

　滋賀県は、京都の食文化の影響を強く受けていて、小豆の産地である丹波に近いためか和菓子の発達しているところである。東京には、京都の和菓子店が多く出店している中で、大津の「叶 匠 壽庵」、近江八幡の「たねや」は、東京を中心した関東地方でも人気の店である。

知っておきたい郷土料理

だんご・まんじゅう類

①豆だんご

　うるち米やもち米のくず米から作っただんご用の粉に生のエンドウマメ（方言：ぶんどう）と塩を混ぜて捏ねて、だんごの生地を作る。生地は一口大にちぎり、丸めて蒸す。蒸し上がったら、黄な粉、砂糖入り味噌で食べる。寒干しした米粉を使う場合もある。春の田畑の仕事での間食に利用する。

　お手伝いさんや近江商人など、毎日出入りしている人からもらったソラマメや青エンドウと米粉で作るだんご。くず米（方言は「ゆりご」）に豆と塩を混ぜ、これに水を入れて捏ね、だんごに形つくってから蒸したものも「豆だんご」といわれている。

②べたべただんご

　蒸かしたサツマイモを潰し、これをだんご用の粉（うるち米ともち米からなる米粉）と合わせ、塩を加え、少しずつ湯を加えながら練る。この生地を蒸籠に敷いたぬれ布巾にベタベタと広げ、透明になるまで蒸す。蒸し上がったものは、黄な粉をつけて食べる。

　蒸籠の布巾にベタベタと広げるから「べたべただんご」の名がついた。秋の午前の間食に利用することが多い。

③いりこだんご

　滋賀県びわ町付近では、「うるち米ともち米のくず米を合わせた粉」のことを「いりこ」といい、この粉で作るから「いりこだんご」といっている。

　いりこをぬるま湯で溶いて、紅鉢という陶器のこね鉢で、だんごが作れ

る硬さまで捏ねる。これを一口大に丸めて蒸す。砂糖や醤油をまぶして間
食や夕食の足しとして利用する。

④まゆだんご

　養蚕地帯の琵琶湖の湖北で、2月最初の午の日に繭の満作を祈願して作
るだんご。この地区の大切行事に作る。作り方は、もち米粉ともち米の粉
に砂糖を混ぜ、紅鉢に入れ、熱湯を加えて丁寧に捏ねて、蒸す。蒸し終わ
ってから、再び紅鉢に戻し、繭や小判の形に作る。醤油や黒砂糖を使うと
「しみ繭になる」といっている。

　「まゆだんご」は座敷の床に飾ってから、蒸しなおして食べる。

⑤いがもち

　うるち米の粉ともち米の粉を混ぜ、これに熱湯を加えて「いがもち」の
生地を作る。この生地で小豆餡を包む。前日から水に浸けておいたもち米
をザルにとり乾かしておいた米粒を「いがもち」の表面につけて栗のイガ
に見立てる。生地は食紅で赤く染めたものと、染めない白色を用意し、紅
白の餅を作る。餡を包み、米粒をつけた紅白の生地は、蒸す。

　来客があるときや、特別な行事、祝い事のある日に作る。

⑥小野神社のシトギ

　琵琶湖の西側を走るJR湖西線にある和邇駅には小野妹子を祀る小野神
社がある。毎年11月2日に行われる神社の祭りには「シトギ」というもの
をつくる。この祭りは1200年以上の歴史があるといわれている。シトギは、
新穀のもち米で作り、シトギ餅といわれている。祭りの前の日から水に漬
けておいたもち米は、杵で搗いて粉にし、粘りがでたらのし餅のように延
ばす。これを藁づとで包む。藁づとに包んだシトぎは、魔除けに家の入り
口にかけることもする。食べるときは、藁づとのまま蒸す。チマキのよう
になる。

　このシトギは神社の神饌田で収穫した米でつくり、神様に供えるのでい
ろいろな儀式を経て作る。

お焼き・焼きおやつ・お好み焼き・たこ焼き類

①あん巻き

　小麦粉に水を加えて練った軟らかい生地を円形に広げて片面だけ焼き色

Ⅱ　食の文化編　　73

がつくまでフライパンなどで焼く。焼き上がった皮の焼き色の面を表にして、たっぷりの小豆餡を中心にして2つ折にして包む。小豆餡は、黒砂糖を入れてゆっくり煮詰めて用意しておく。盛り付ける時は、食べやすいように半分に切っておく。

麺類の特色　比叡山で修行中の親鸞が、夜になると、山の麓の坂本にそばを食べに下山したという伝説がある。その坂本には、江戸中期の天保年間（1830～44）に鶴屋喜八が創業した「鶴喜そば」あり、明治45（1912）年には、後の大正天皇が伊吹山で栽培されている山ソバに興味をもたれ、滋賀の「鶴喜そば」を召し上がってから、大晦日のそばが宮中に届けられるようになったとの説もある。このそばは「坂本そば」とも「日吉そば」ともいわれている。

めんの郷土料理

①古代そば
　坂本そばを、湯葉とおろしショウガを入れたもの。坂本そばには、かけそば・ニシンそば・天ぷらそばなど、一般的メニューはあるが、湯葉とショウガ入りは特別の名がついていた。
②のっぺいうどん
　宿場町の滋賀・長浜にある。「のっぺいうどん」は、長浜では「のっぺい」の名で知られている。具たくさんのうどんに、温かいあんをかけたもので、口当たりがのっぺりしているところから「のっぺい」の名がついたという。だし汁は鰹節とコンブでとったもの。
③ドジョウ入りにゅうめん
　夏には、川でとったドジョウを入れた、味噌味のにゅうめんを作る。
④焼きサバそうめん
　山陰地方の郷土料理の一つの焼きサバを、素麺の皿に添えたもの。焼きサバは、竹の皮にのせ、醤油、砂糖を入れた水で煮る。焼きサバの煮汁で素麺を煮て、焼きサバと一緒に盛る。

▶ 競い合う地域ブランドメロン

くだもの

地勢と気候

滋賀県は、若狭湾、伊勢湾、大阪湾に挟まれ、本州のくびれに位置している。周囲に伊吹、鈴鹿、比良、比叡の山脈が連なり、中央部は琵琶湖を擁する大きな盆地になっている。琵琶湖は日本最大の淡水湖で、県の面積の約6分の1を占めている。湖北地方には伊吹山地や野坂山地、湖東地方には後在所山、雨乞岳などの鈴鹿山脈、湖南地方には信楽高原や比叡山地など、湖西地方には比良山地や朽木山地などがある。

くびれに位置しているため、日本海、太平洋、瀬戸内海からの風の通り道になっている。このため、滋賀県は天気の変わり目となり、湖南と湖東は瀬戸内、湖西と湖北は日本海側、鈴鹿山麓は太平洋側の気候に区分される。

知っておきたい果物

メロン　守山市、草津市などではこだわりのメロンを栽培している。守山市と野洲市で生産している「モリヤマメロン」と、草津市産の「草津メロン」で、それぞれ地元のJAが地域ブランドの登録を受けている。

守山市が、柱となる地域特産物を育成しようと、メロン栽培の試作を開始したのは1977（昭和52）年である。ハウスごとの土壌診断の結果に基づく施肥設計や共撰共販によって品質管理を徹底してきた。当初から直売所だけの販売に限定しているものの、贈答品としての発送は全国に及んでいる。

「草津メロン」は1982（昭和57）年から栽培を始めた。当時の品種は、網目の入らない「バンビーメロン」だった。現在も生産している「アムスメロン」の栽培を始めたのは1985（昭和60）年である。現在は、「タカミメロン」、アールス系の「センチュリーメロン」なども栽培している。JA

Ⅱ　食の文化編　　75

草津市が、栽培から検査、出荷、販売まで一貫した管理を行っている。リピーターの予約販売が大半を占めている。

東近江市愛東地域では「あいとうメロン」を生産している。上岸本温室組合はガラス温室でアールスメロンを育てている。主に、地元の「道の駅あいとうマーガレットステーション」の直売館で5月上旬～7月下旬頃に販売している。

サクランボ

サクランボの栽培面積の全国順位は12位、収穫量は13位である。主産地は高島市などである。出荷時期は5月下旬～6月中旬頃である。

イチジク

イチジクの栽培面積の全国順位は22位、収穫量は18位である。主産地は栗東市、高島市、東近江市、甲賀市、守山市などである。出荷時期は7月中旬～12月下旬頃で、産地によって異なる。

ブルーベリー

ブルーベリーの栽培面積の全国順位は20位、収穫量は21位である。主産地は米原市、高島市、野洲市、甲賀市などである。出荷時期は6月上旬～9月中旬頃で産地によって異なる。

スイカ

スイカの作付面積の全国順位は奈良県と並んで23位である。収穫量の全国順位も23位である。主産地は高島市、東近江市、近江八幡市、大津市などである。出荷時期は7月上旬～8月下旬頃である。

大津市の「比良おろし」という強い風の吹く地域では、「比良すいか」を生産している。

ユズ

ユズの栽培面積の全国順位は37位、収穫量は32位である。主産地は甲良町、大津市などである。出荷時期は8月上旬～12月下旬頃である。

カキ

カキの栽培面積、収穫量の全国順位はともに34位である。主産地は、高島市、米原市、竜王町、東近江市などである。出荷時期は10月上旬～12月下旬頃である。

ブドウ

ブドウの栽培面積、収穫量の全国順位はともに39位である。主産地は、東近江市、竜王町、長浜市、高島市などである。出荷時期は7月下旬～10月中旬頃で、産地によって異なる。長浜市では、「マスカット・ベリーA」と「アーリースチューベン」を中心に生産している。

桃

桃の栽培面積の全国順位は、北海道と並んで38位である。収穫量の全国順位は39位である。主産地は竜王町、栗東市、甲賀市などで

ある。出荷時期は7月上旬～8月下旬頃である。

日本ナシ 日本ナシの栽培面積の全国順位は39位、収穫量は40位である。主産地は東近江市、竜王町、彦根市などである。出荷時期は8月上旬～10月下旬頃である。竜王町では、「幸水」と「豊水」を中心に生産している。

彦根市では、荒神山の麓の曽根沼干拓地で彦根梨生産組合が、県内では珍しいナシの団地で「彦根梨」として「幸水」「豊水」の栽培を行っている。完熟をモットーに収穫し、ただちに消費者に届けるため、直売だけで、市場へは出荷していない。

クリ クリの栽培面積の全国順位は38位、収穫量は41位である。主産地は高島市、大津市、甲賀市などである。出荷時期は9月中旬～11月中旬頃である。

ブラックベリー ブラックベリーの栽培面積の全国順位は神奈川県と並んで3位である。収穫量の全国順位は1位で、全国の66.1％を産出している。主産地は高島市などである。

ウメ ウメの栽培面積の全国順位は41位、収穫は42位である。主産地は米原市、大津市、東近江市などである。出荷時期は6月上旬～7月下旬頃である。

キウイ キウイの栽培面積の全国順位は、岩手県と並んで43位である。収穫量の全国順位は44位である。

イチゴ イチゴは彦根市などで生産されている。県内産イチゴの代表は「章姫」と「紅ほっぺ」である。産地は大津市などである。出荷時期は12月～6月頃である。

ミカン 統計によると、ミカンを生産するのは37都府県である。滋賀県におけるミカンの栽培面積の全国順位は石川県と並んで36位である。収穫量の全国順位は35位である。

アドベリー ボイズンベリーともいう。主産地は高島市などである。高島市安曇川町の特産品である。

リンゴ リンゴの栽培面積の全国順位は、奈良県、和歌山県、宮崎県と並んで33位である。収穫量の全国順位は39位である。産地は高島市などである。

昔、「彦根りんご」とよばれたリンゴがあった。日本に古くから伝わる

Ⅱ　食の文化編　　77

和リンゴの一種で、江戸時代には彦根藩士の屋敷で栽培され、社寺や将軍家などに献上された。しかし、西洋リンゴに押されて衰退し、1955（昭和30）年頃には姿を消した。そのリンゴを再びと、有志約30人が2003（平成15）年に「彦根りんごを復活する会」を発足させ、石川県の農業試験場から提供された和リンゴの実の中から最も近い品種を選び、「平成の彦根りんご」と名前を付けて、栽培している。

地元が提案する食べ方の例

柿と鯖酢じめ、市松白雲巻（滋賀県）

カキは水平に切ってカキ釜をつくる。拍子木切りしたしめサバとカキを白板コンブに市松になるように巻いて3等分に切りカキ釜に盛る。大根とカキをおろして、土佐酢をかける。

柿味噌サンド（滋賀県）

牛薄切り、シメジ、ピーマンなどを油で焼き、みそ、ニンニク、酒などを加えて肉みそをつくる。カキは皮をむいて2cm幅に切って両面を焼き、肉みそを挟む。カイワレなどを添える。

柿の天ぷら（滋賀県）

小麦粉、卵に水を混ぜた天ぷらの衣に、薄くスライスしたカキをくぐらせ、170℃くらいの油で揚げる。カキはスライスした後、キッチンペーパーに並べて半日乾燥させると甘みが増す。

ブルーベリー酢豚（滋賀県）

フライパンにサラダ油を入れ、キュウリ、ニンジン、シイタケなどを炒め、合わせた調味料を加える。下味をつけて揚げた豚肉、ブルーベリーを入れて片栗粉を加え、とろみをつける。

中国風いちごまんじゅう（滋賀県）

ボウルに白玉粉、砂糖、ラードを入れてつぶし、水を加えてなめらかな生地にして8等分する。黒こしあんで包んだイチゴを生地で包み、白ゴマをまぶし低温でゆっくり揚げる。

消費者向け取り組み

観光農園

● ファーマーズマーケットおうみち　JAおうみ冨士、「モリヤマメロン」

を限定販売

- 野菜センター　JA 草津市、「草津メロン」を限定販売
- 農畜産物交流センター草津あおばな館　JA 草津市、「草津メロン」を限定販売
- いちじく収穫体験　びわ湖高島観光協会、8 月下旬～10 月中旬の土曜日
- 富有柿がりもぎ体験　びわ湖高島観光協会、11 月
- 道の駅あいとうマーガレットステーション　東近江市、イチゴ狩り園などがある。

魚　食

地域の特性

　滋賀県中央部に位置する湖。湖水は瀬田川を経て淀川へ流れる。京阪神地区の重要な淡水魚が生息している。琵琶湖の誕生はおよそ400万年前といわれる古代湖である。琵琶湖には現在、44種類以上の淡水魚がいる。この中には、オオクチバスやワカサギなどの国内外からの移入魚も10種類ほどいる。琵琶湖にいる固有種は琵琶湖の沖合いと岩礁地帯に生息している。

魚食の歴史と文化

　琵琶湖の周りにすみついた人々は、琵琶湖に生息する魚介類で命をつないできた。縄文時代の粟津湖底遺跡や石山貝塚の調査から、琵琶湖のセタシジミやフナなどが大量に食べられていたことが明らかになっている。琵琶湖周辺は、水に恵まれ、稲作地帯が広がっている。雨水は川となり、川の周りに扇状地が形成され、琵琶湖の周囲に広い水田が生み出されてきた。湖岸の水田は琵琶湖とつながっており、舟で往来することができる田んぼが多かった。琵琶湖があって魚が生息し、湖水があって米の栽培も可能となってきた。滋賀県の人にとっては、米と魚をもたらしてくれ、滋賀の食文化の柱となってきている。
　すしのルーツの馴れずしは、魚をご飯で漬けて加工する方法であり、生の魚を貯蔵する方法と発展したのだが、現在では発酵食品としても発達してきたのである。
　琵琶湖の中に生息している魚は、独自の進化をとげ、琵琶湖にしかいない固有種が生まれたのである。これら固有種の魚は、ほとんどが滋賀の伝統食品となっている。
　伊勢神宮の神饌とする魚介類は、マダイ、アワビ、スルメ、昆布など海産の魚介類が高級神饌となっている。琵琶湖周辺の神饌に使われる魚介類

はコイ、フナ（すし切り祭り）、モロコ、アユ（大荒比古神社の七川祭り）、ハス、ウグイなどほとんどの魚が神社に献上されていた。

知っておきたい伝統食品・郷土料理

地域の魚　琵琶湖の代表的魚介類はビワマス、ホンモロコ、スゴモロコ、ビワヒガイ、アブラヒガイ、ニゴロブナ、ゲンゴロウブナ、ワタカ、ビワコオオナマズ、イワトコナマズ、スジシマドジョウ大型種、スジシマドジョウ小形種、ビワヨシノボリ、イサザなどである。アユ、イサザ、モロコ、ゴリ、ワカサキ、シジミ、スジエビ、ウグイ、ハゼなどの醤油煮、山椒煮、砂糖煮、あめ煮などの保存食がある。ダイズと組み合わせてエビ豆、イサザ豆、シジミ豆、アユ豆などの郷土料理もある。

伝統食品・郷土料理

①イサザ

琵琶湖の湖西に生息するハゼに似ているスズキ科の淡水魚。全長7cmほどに成長し、頭や口が大きい。昼間は深い所に群れをなして生息し、夜間は湖面近くまで浮上する。イサザは動物性プランクトンを食べていて、味はよい。一般には、佃煮に加工して食用とすることが多い。イサザだけの煮物や、ダイズとの炊き合わせの「イサザ豆」も郷土料理として評判である。飴煮、イサザ鍋、イサザずし、煮干しがある。

②フナ料理

● ゲンゴロウブナずし　正月に祝い魚として食べる馴れふなずしは、日本のふなずしのルーツではないかといわれている。5月頃の子持ブナの内臓を除いたゲンゴロウブナを1カ月ほど塩漬けし、さらにご飯、酒を入れて熟成（乳酸醗酵）させる。フナをご飯に漬けると、乳酸菌が繁殖して、強烈な臭いと独特の酸味をもつなれずしとなる。フナが雑菌で変敗するのを乳酸菌によって抑えられるので、保存性がある。なれずしの製造は、高温で多湿となる気候の中で、生の魚の保存貯蔵のために発達してきた。滋賀県では、正月にご馳走として「ふなずし」が並ぶ。夏に飯漬けしておいた「ふなずし」は正月に口あけして賞味する。祭りや客呼びの日の代表的なご馳走であり、神社の神饌にもなっている。乳酸菌が存在しているので、カゼや腹痛の薬としても利用されたことがある。ニ

Ⅱ　食の文化編　81

ゴロブナ、ギンブナも原料となる。硬くなった馴れずしを薄く切って食べる。酒の肴、雑炊、茶漬けで食べる。乳酸醗酵により生成した独特の臭みがある。江戸時代には、将軍家へ献上したといわれている。ふなずしのかんろ漬け（酒粕に漬ける）もある。

● その他　フナのあら汁、子つけなます、小鮒の甘露煮などがある。

③セタシジミ料理

琵琶湖の瀬田川で獲れるシジミで、江戸時代に、藩主・戸田左門が繁殖させたので、左門シジミともいわれている。シジミ汁、シジミ飯など。

④コアユ料理

コアユ（子鮎）は琵琶湖の北岸に生息する体長10cmほどの稚魚である。体が透き通っている。3月には地引き網で漁獲する。琵琶湖には、コアユが生育している理由としては、天然の餌が少なくて他の地方のようにアユへ成長しないためと考えられている。

● コアユの干物　琵琶湖の北岸に生息している。塩茹でして干す。

● 氷魚の釜揚げ　11月に生まれた細長くすき通ったコアユを氷魚という。この魚を塩と酒を入れた湯でゆがいて、ザルにあげたもの。酢味噌で賞味する。

● その他　へしこ（コアユの糠漬け）、コアユの山椒煮、背ごし、焼きアユなどで食べる。

⑤ニジマス料理（ビワマス）

洗い、刺身、塩焼き、甘露煮、早ずし、アメノイオご飯（炊き込みご飯）など。アメノイオご飯は1998年（平成10）に、滋賀県の食文化財のひとつに選ばれている。

⑥ハスの魚田

春先から初夏が旬。洗い、塩焼き、照り焼き、みそ煮などがある。

⑦フナの子和え

大津地方の郷土料理。4～6月の子持ちのフナの卵巣を茹でながらほぐし、冷水で締めたそぎ切りした身と和える。からし味噌で食べる。『料理物語』（1643（寛永20）年）に作り方が記載されている。

⑧モロコ料理

冬が旬。飴煮、つけ焼き、魚田などで食べる。早春の10cmほどの子持ちモロコの素焼き、酢漬け、田楽、南蛮漬け、佃煮などがある。

⑨コイ料理

● コイのあらい　コイの刺身。

● その他　こいこく、こいずし、コイの筒煮などがある。

鴨鍋

▼大津市の1世帯当たりの食肉購入量の変化 (g)

年度	生鮮肉	牛肉	豚肉	鶏肉	その他の肉
2001	46,459	11,944	15,782	14,917	1,385
2006	45,459	11,017	15,311	14,019	1,520
2011	43,828	9,280	16,851	14,872	1,040

　滋賀県の中央に位置する琵琶湖は、約400年前に地殻変動によってできた大山田湖がその原点となっていて、約40万年に現在の位置に定まったとされている。琵琶湖周辺の食文化は、琵琶湖に棲息する淡水魚や農作物の恩恵により成立している。

　滋賀県の農業や畜産業は、琵琶湖周辺で営まれている。琵琶湖の外側を伊吹山脈、鈴鹿山脈などの山々が囲む。これらの山を源とし、琵琶湖に流入する水は家畜家禽の飼育に貢献している。山々には、野生の鳥獣類が生息し、増えすぎ、環境が破壊され、田畑の野菜にも被害を及ぼしていることから、野生の鳥獣類を捕獲し、利用について、県民に協力を求めている。

　江戸時代には、京・大坂（現・大阪）に通じる交通の要衝として、宿場町として、あるいは琵琶湖の水運が栄え、近隣の工芸（信楽焼、大津絵、近江上布、高島硯、彦根仏壇、浜仏壇など）が発達した。産業としては琵琶湖に棲息する魚介類を利用した水産業、琵琶湖周辺の農業が主体であり、畜産では近江牛が有名である。とくに、近江牛肉の味噌漬けは、元禄元年頃から彦根藩の名産品として広まった。江戸時代には、牛肉は薬用として食べていた。味噌漬けをつくりだしたり、薬用に干肉を作ったりしたとの記録もある。水戸の徳川斉昭は牛肉が大好きで、滋養のためといい所望したともいわれている。

　2001年度、2006年度、2011年度の滋賀県の県庁所在地大津市の1世帯当たり食肉購入量を比べてみると、生鮮肉、牛肉については年々減少している。一方、豚肉、鶏肉、その他の肉については年々増えている。

　日本の黒毛和牛のルーツといわれている近江牛の産地であるけれども、

84　凡例　生鮮肉、牛肉、豚肉、鶏肉の購入量の出所は総理府発行の「家計調査」による

生鮮肉の購入量に対する牛肉の購入量の割合は、近畿地方の平均値より少ない。2011年度の割合は21.2％で、近畿地方の2011年度よりもわずかに多いだけである。豚肉、鶏肉の購入量の割合は、近畿地方全体の生鮮肉に対する購入量とほぼ同じ購入量と推察できる。

知っておきたい牛肉と郷土料理

近江牛　滋賀県の銘柄牛は、「近江牛」のみである。近江牛の定　義は、黒毛和種の和牛で、滋賀県内で最も長く肥育された場合に許される呼称である。さらに、（公社）日本食肉格付協会の格付枝肉の等級がA－4、B－4以上であることに、認定シールが発行される。

近江牛は神戸ビーフ、松阪牛と並んで日本の三大銘柄牛の一つとなっている。近江産の牛は、江戸時代から」「養生薬」の名目で味噌漬けや干し肉として彦根藩から将軍家へ献上、賞味されていた。歴史的には由緒ある近江産の牛は「近江牛」のブランド名がついている。近江牛の肉は日本では最高に美味しい肉であり、外国にも近江牛の肉の美味しさは知られている。

現在、近江牛については（公社）日本食肉格付協会の格付けに基づいた定義がない。「滋賀県内で、厳選された素牛を永年培われた優れた技術で丹精込めて肥育された黒毛和種で、雌牛と去勢された雄牛」を認証している。

独特の食感ととろけるような豊かな風味をもっている。すき焼き、ステーキ、しゃぶしゃぶに好評を博している。

近江牛の歴史は古く、平安初期に遡る。すなわち、中国からの帰化人が牧草を求めて、琵琶湖畔に住み着き、但馬の和牛を近江で育てたのが、近江牛のルーツであるといわれている。近江牛がブランド化したのは、明治時代になって西洋文化の影響で牛肉料理の「牛鍋」が普及するようになってからである。近江牛の普及には、近江商人の活躍もあった。

近江牛は主として滋賀県の東部の蒲生・神崎・愛知（現在の近江八幡、東近江市、竜王町）で生産していた。これら一帯は、コメの生産や他の農業も盛んであり、ウシを肥育するための飼料が確保しやすく、肥育のためにストレスのない環境として適している。現在は、コメをはじめ農業の盛んな近江八幡市、東近江市、竜王町などの滋賀県東部で飼育されている。

Ⅱ　食の文化編　　85

近江牛の料理　滋賀県内の古くから営業している料理店は、サシの入ったロースや、うま味成分の豊潤な赤身肉を、主としてすき焼き、しゃぶしゃぶ、ステーキとして提供している。最近は、庶民的な焼肉を提供するようになっている。さらに、贈答用として、すき焼き、しゃぶしゃぶ、ステーキのセット品、カレーのようなレトルト品も提供している。

● **近江牛の味噌漬け**　江戸時代（元禄元年）に彦根藩から徳川将軍家へ献上したと伝えられている「近江牛の味噌漬け」は、滋賀県内の複数の精肉取扱店が独自の京白味噌や熟成によりつくり、販売している。白味噌の中での牛肉の熟成は、適度な味噌の塩分により過剰な酵素分解が抑えられ、うま味成分のアミノ酸が適量に増える。さらに味噌の成分のアミノ酸が近江牛肉に加わり、熟成により軟らかい肉となる。その結果、増えたアミノ酸と塩分の相乗効果により、生肉の美味しさに比べて一層、美味しい肉が出来上がっている。牛肉に含まれる脂肪の一部は味噌のほうへ移動するので、肉の脂肪によるしつこさが緩和して味わえる。美味しい食べ方は、肉の表面の味噌を除いた、網焼きがよい。網が焼きの際、味噌のもつ香りは、食欲の増進に影響している。

知っておきたい豚肉と郷土料理

銘柄豚の種類

❶藏尾豚（藏尾ポーク、バームクーヘン豚）

　近江の鈴鹿山系の麓のストレスのない自然豊かな日野で飼育している。健康的なブタとして成育するように、豚舎は常に衛生的に保っている。美しい甘みのあるサシ肉になるように、投与する飼料は独自で調製している。また、老舗菓子店のバームクーヘンも飼料の一部として与えている。別名「バームクーヘン豚」といわれている。仔豚は、通常6か月の飼育で出荷するが、藏尾ポークは約8か月の間、飼育してから出荷する。2か月間の飼育期間を延長している間に、独自に調製した飼料を投与し、肉質のうま味や脂肪の質も調整する。糖質、甘味物質、脂肪なども餌となっているので、肉の霜降りの状態がよく、脂肪に甘味がある。品種は明らかでない。

❸蒲生野フレッシュポーク

　1997（平成9）年にブランドの認知を受けている。品種は（ランドレース×大ヨークシャー）×デュロックである。うま味があり軟らかい肉質。出荷日齢は180日。飼料環境はストレスの無いように、さらに衛生的良好な環境で飼育されている。

豚肉料理と加工品

豚肉の料理はトンカツ、しゃぶしゃぶ、生姜焼き、ソテー、串焼きなどのよく知られている料理の他に、次のような滋賀県にある料理または加工品がある。

- **藏尾ハム・ソーセージ**　一つひとつの工程はすべて丁寧な手作りである。「藏尾ボンレスハム」はあっさりしていて赤身肉の風味とうま味を最大限に引き出せるように丁寧につくっている。「藏尾ロースハム」は脂身の甘みを引き出すように作っている。
- **滋賀県産近江豚バラ肉**　創業大正10年からの近江牛専門店の「かねきち」という食肉業者が、滋賀県産のブタを一頭買いし、これを「滋賀豚」という名称で販売している。とくに、脂身の多い三枚肉の「近江豚バラ肉」をスライスして流通させている。やきそば、お好み焼き、鍋の具として利用される。豚のバラ肉を串にさして、辛めのたれを付けた串焼きは「激辛豚バラ串」として賞味されている。
- **豚丼**　調理した豚肉をご飯の上にのせた丼もの。北海道の郷土料理を参考にして滋賀県のそれぞれの食堂やレストランが工夫した丼ものである。タレには北海道のタレを参考にして独自のものを作っている店もあれば、市販の焼肉のタレをアレンジしたものもある。居酒屋、ラーメン店、そば店、一般の食堂などで提供している。
- **炭焼き豚丼**　彦根、近江八幡、信楽の郷土料理。丼ご飯の上に炭火焼きした豚肉をトッピングしたもの。

知っておきたい鶏肉と郷土料理

近江しゃも（しゃも系の交配種）、近江黒鶏（ロードアイランドレッドを主体とした交配種）、近江鶏（チャンキーを主とした交配種）がある。

❶近江しゃも

じっくりと長期間の飼育により歯ごたえのある肉質。

Ⅱ　食の文化編　　**87**

❷近江黒鶏

酵母や有用菌を添加した飼料を投与して飼育。うま味と歯ごたえがある。

❸近江鶏

平飼いと低カロリーの飼料の給与により保水性と歯ごたえのある肉質がつくられている。

地方色のある鶏料理

とんちゃん丼（大津、坂本、比叡山）、つくね（彦根、近江八幡、信楽）、親子丼（長浜、小谷、竹生島）などがある。

知っておきたいその他の肉と郷土料理・ジビエ料理

- 鴨鍋（鴨すき）　琵琶湖の湖北に位置する長浜の名物料理で、鴨料理を提供する店は20店もあり、家庭でも用意する郷土料理である。冬の天然のカモは、身肉も締まり、冬の寒さから守るための脂身は甘い。琵琶湖周辺のマガモ猟で捕獲した鴨肉は、昔から貴重なたんぱく質源として重要であった。天然のマガモの保護から、現在は人工的に飼育しているマガモを使用している。昆布だしと薄口醤油の汁で鴨肉や野菜、豆腐を牛肉のすき焼きと同じように煮込んだ料理である。鴨鍋は煮過ぎないで食べる。表面の色が変わった程度で食べるのがよい。

- 鴨の骨のたたき　カモを料理するときには、カモの首を絞める。この、肉もついている首をミンチにして、鴨鍋に入れると、鴨鍋のだし汁にコクがでて美味しくなる。

- イノシシ料理　イノシシ鍋、牡丹鍋など。日野産の天然イノシシ料理が人気であり、県内にはイノシシ鍋を提供してくれる店が30店以上ある。

滋賀県のジビエ料理

琵琶湖を囲むように山地があるので、当然、野生の鳥獣類（主なものとしてクマ、シカ、イノシシなど）が棲息している。野生の鳥獣類による山の環境破壊や田畑の農作物の被害は、滋賀県も他県と同様に深刻な問題である。しかし、古くからの野生の鳥獣類の利用が残っているものもある。たとえば、琵琶湖に飛来するカモもジビエ料理の対象となっていた。琵琶湖に飛来するカモを使った長浜市や多賀町の「鴨すき、鴨鍋」は、古くからこの地方の重要なたんぱく質供給源であった。山間の宿で楽しめる「熊鍋」は、脂ののった熊肉を利用したもので、体を温める食材だったらしい。

シカによる被害は、近年になって深刻化し、捕獲してシカ肉のカレーを開発し、給食に使っているところもあると聞いている。

現在のジビエ料理
　長浜市や多賀町には鴨すきや鴨鍋が受け継がれている。大津市には冬眠前の熊肉を使った熊鍋が受け継がれている。日野町や高島市には農作物を荒らすシカを捕獲し、シカのカレーなどに活用している。滋賀県内のところどころに、味噌仕立てのイノシシ鍋を提供する店がある。

地鶏

▼大津市の1世帯当たり年間鶏肉・鶏卵購入量

種　類	生鮮肉 (g)	鶏肉 (g)	やきとり (円)	鶏卵 (g)
2000年	48,470	14,657	1,312	36,785
2005年	42,698	13,531	1,672	34,271
2010年	47,220	15,714	1,409	31,986

　滋賀県には、日本最大の淡水湖である琵琶湖がある。琵琶湖に生息する淡水魚は、琵琶湖周辺の数々の郷土料理や伝統食品を生み出している。代表的なものには、日本のすしの原型といわれている「鮒ずし」、小アユやイサザの佃煮などがある。琵琶湖周辺の農業は琵琶湖の環境へ配慮した「環境こだわり農業」が行われている。畜産としては、豊かな自然環境と水に恵まれた滋賀県内で最も長く肥育された黒毛和種の近江牛が全国的に有名である。近江牛は、芳醇な香りとやわらかさが特徴の肉質で、江戸時代には薬用として利用されていたと伝えられている。鶏では、「近江シャモ」が知られている。早熟で産肉性の高い「ニューハンプシャー」と良質肉の「横斑プリモスロック」の交配種に、「軍鶏」を掛け合わせた地鶏で、うま味とコク、弾力性がある。近江シャモの流通は、1羽セットが基準となっている。鶏ガラはだしの材料として使い、シャモ鍋のだし汁にするのがこの地鶏の食べ方となっている。

　滋賀県の地鶏・銘柄鶏では、近江シャモのほかに、近江黒鶏（おうみこっけい）、近江鶏（おうみけい）、近江プレノワールなどがある。近江シャモの生産者には㈲シガチキンファーム（甲賀郡）、近江しゃも普及推進協議会（近江八幡市）があり、豊かな水と緑に恵まれた自然の中で飼育されている。近江シャモの食べ方はすき焼き、水炊き、しゃぶしゃぶ、焼肉のほか、洋風料理、中華風料理などいろいろな料理の材料となっている。

　2000年、2005年、2010年の滋賀県の県庁所在地の大津市の1世帯当たりの生鮮肉、鶏肉、鶏卵の購入量は、近畿地方の他の県庁所在地の購入量に比べると比較的多い。近江シャモの利用から察するところ、古くから鶏

肉は利用されていたことと関連があるように思われる。1世帯当たりのや
きとりの購入金額は、近畿地方の他の県庁所在地の購入金額と大きな差が
みられない。近江シャモ肉の食べ方から察するところ、やきとりを購入す
るよりも1羽丸ごとの鶏を購入し、水炊きやすき焼きなどで食べることが
多いと思われる。

知っておきたい鶏肉、卵を使った料理

● **鴨料理**　琵琶湖には1～2月頃にはシベリアから脂ののった鴨がやって
くる。これを鴨の体を傷めないように、室町時代初期から伝わるモチバ
エヌとかナガシモチという独特の方法で捕獲する。現在は、琵琶湖は禁
猟区が多く、長浜・堅田地区の冬のみ鴨料理が提供されている。カモ刺
し、狩場焼き、カモすき、鉄板焼き、酒蒸し、カモ汁、カモ鍋、カモ雑
炊、カモ飯などがある。

● **鴨すき**　近江八幡市の冬の味覚。天然のカモを濃い目の出汁で煮る鴨す
きは、鴨の脂が野菜に浸み込み、また、肉の歯応えも良く独特の香りが
特徴。ロースだけでなくモモ肉、レバーなども楽しめる。

● **きんし丼、きんし重**　1872（明治5）年創業、大津のうなぎ料理の老舗
「かねよ」の名物料理。鰻まむし（蒲焼）の上に、錦糸玉子ではなく卵
3個を使って焼いた、ぼってりとしたボリュームのある"だし巻玉子"
がドンと載る。だし巻玉子の隙間からうなぎの姿が見える。「かねよ」
は関西の避暑地の逢坂山にあり、800坪の庭園も有名。

● **どじょう鍋**　郷土料理。琵琶湖や河川が多い滋賀県はどじょうが身近だ
ったので、今もいろいろなどじょうの料理が残っている。新鮮などじょ
うを開いて骨と内臓を取り除き、ささがきごぼうを煮たところへ入れる。
煮えたところへネギと溶き卵を入れてとじる。どじょうから風味豊かな
だしが出て美味しい。

● **長浜風親子丼**　普通の親子丼の上に、さらにもう一つ卵の黄身をトッピ
ングした大津市の名物丼。親子丼の美味しさに、卵かけご飯の美味しさ
がプラスされる。

● **僧兵鍋**　武家政治の横暴に対して寺院が自衛のために武装したのが僧兵
の始まり。比叡山延暦寺は、各地の武将から恐れられるほどの勢力を誇
っていた。この僧兵が厳しい冬の比叡山の寒さに耐えるために、また、

戦のスタミナ源として食べていたのが"僧兵鍋"。山鳥の肉と、とうふや湯葉、椎茸、竹の子、白菜、ねぎといった季節の野菜と、ワラビやフキなどの季節の山菜などたくさんの材料を使った野趣あふれる鍋。僧兵鍋は、和歌山根来寺周辺や三重県菰野の山岳寺周辺に今も残っている。

地　鶏

- **近江しゃも**　体重：平均3,200g。県の畜産技術センターが軍鶏と横斑プリマスロック、ニューハンプシャーの特長を活かして開発。味、コク、歯ごたえ、栄養バランス、いずれも一級の鶏肉。平飼いで飼養期間は平均150日以上と長期間じっくり育て、仕上用飼料は低カロリーでヘルシーな肉質に。すき焼き、水炊き、しゃぶしゃぶ、焼肉のほか、洋風、中華と幅広い料理に向く。近江しゃも普及推進協議会が生産する。

- **淡海地鶏**　「毎日でも食べられる癖のない旨い脂と適度な歯ごたえの鶏肉」を目指して、美食の国フランス原産の鶏とロードアイランドレッドを交配して作出。平飼いで飼養期間は平均120日と長い。専用飼料に海老粉を加え癖のない旨い脂に仕上げた。名前は地元堅田出身の明治から昭和にかけての喜劇役者"志賀廼家淡海"に由来。かしわの中川が生産する。大津の直営店で食すこともできる。

銘柄鶏

- **近江黒鶏**（おうみこっけい）　体重：平均3,000g。オーストラロープ、ライトサセックス、ロードアイランドレッドとこだわりの血統で作出。旨味と歯ごたえを高次元で両立させた鶏。さらに、地鶏にも準ずる飼養環境と、低カロリー飼料の給与でその味わいを一層深めた。専用飼料には酵母や有用菌を添加した。平飼いで飼養期間は平均100日と長期。シガポートリーが生産する。

- **近江鶏**　体重：平均3,200g。湖国の自然に育まれ、ゆとりをもった平飼い飼育と、低カロリー飼料の給与によりジューシーで適度な歯ごたえをもつ味わい深い鶏肉に仕上げた。専用飼料には酵母や有用菌を添加。飼養期間は平均70日。鶏種はチャンキーやコブ。シガポートリーが生産する。

- **近江プレノワール**　体重：平均3,000g。美食の国フランスで認められた

プレノワールを自然豊かな滋賀で飼育。低カロリーで非遺伝子組換え原料を使い、酵母や有用菌を添加したこだわりの飼料で、平均120日の長期飼養を行う。肉質はきめが細かく、低カロリーで風味豊かに仕上がっている。シガポートリーが生産する。

たまご

- **安曇の恵**　安曇川の水で栽培したお米と、安曇川の水で育てた純国産の鶏が産んだ卵。レモンイエローの自然な黄身の色と飼料に加えたお米や野菜に由来する卵の甘みが自慢。平飼いで飼い卵拾い体験もできる。楽農舎が生産する。
- **こだわりたまご**　天然の飼料にこだわり珊瑚化石やヨモギを加えて育てた若どりが産んだ卵。普通の卵に比べてビタミン E が10倍以上、DHA が5倍以上、ビタミン D が数倍含まれるが、カロリーや脂肪は少ない。濃厚でまろやかな味は高級ホテルや料亭などのプロが認める。一期一会のこだわり卵が生産する。

県鳥

カイツブリ、鳰、鸊鷉（カイツブリ科）　留鳥。潜水して魚を捕る。水に入る鳥で "鳰" と書き、"かいつぶり" は、水を脚で掻いて潜る、"掻いつ潜りつ" から命名された。カイツブリ類の中でも小さいので、英名は、Little Grebe。古くから琵琶湖に棲息している。

汁　物

汁物と地域の食文化

　昔の近江の国で、近江商人は全国各地に出かけため、近江商人により影響を受けた食文化が多い。県の中央にある琵琶湖の淡水魚は鮒ずしをはじめとし、コイ、フナ、その他の淡水魚を中心とした郷土料理は多い。

　滋賀で生まれた人にとっては、琵琶湖はかけがえのない大きな存在である。琵琶湖とその周辺の田畑、琵琶湖を囲む山地は、生きていくために必要な食材を供給してくれる恵みが豊富なところである。日本の発酵食文化の一つの形である「鮒ずし」は、琵琶湖周辺の生み出した独特の保存食で、コメを乳酸発酵してつくる。調味料の味噌や醤油とは違った発酵形式である。

　琵琶湖周辺で生活している人たちは、琵琶湖に棲息する小魚・小エビを煮つけ、佃煮などの保存食として利用している。アユ、ビワマス、コイ、フナのようなやや中型のものは、刺身にするものもあるが、素焼き、馴れずし、甘露煮などにして楽しんでいる。

　日野村蓮花寺のドジョウでは、「どじょう汁」と「五葉汁」がある。琵琶湖ではマシジミとセタシジミが棲息し、琵琶湖周辺の住人の朝食には、味噌仕立てのシジミ汁が提供されることが多い。近江八幡の沖ノ島の郷土料理に、関東風すき焼きを思わせる「じゅんじゅん」という汁物がある。この「じゅんじゅん」の具にはナマズやイサザを使う場合もある。「じゅんじゅん」の名の由来は、湖北町や湖岸地域の「美味しい」という意味にある。近江八幡には、琵琶湖に冬に飛来するカモの「鴨すき」がある。鍋物でもあるが、最後にうどんを入れて汁まで賞味するためか、汁物のカテゴリーに入れられている。

汁物の種類と特色

　琵琶湖の幸に由来する郷土料理が多く、周辺の農地には伝統野菜が栽培

94　　凡例　1世帯当たりの食塩・醤油・味噌購入量の出所は、総理府発行の2012年度「家計調査」とその20年前の1992年度の「家計調査」による

されている。琵琶湖のゲンゴロウブナの馴れずしは日本のすしのルーツで、奈良時代からつくられていたといわれている。琵琶湖のモロコ、ゴリなどの他に小魚や川エビは保存食の佃煮に加工される。伝統食品は塩漬けにして保存される。

汁物の郷土料理には、琵琶湖のシジミ料理の中の「シジミのみそ汁」、伝統野菜のツルカブラの「つるかぶら汁」や、「枝豆汁」「鮎河菜汁」、白身で引き締まった身肉の「ギギのみそ汁」、琵琶湖周辺の小川のドジョウを使った「ドジョウのみそ汁」、冬にシベリアから飛来するカモの「鴨鍋」、神崎郡のゴマとナスのみそ汁「泥亀汁」がある。東浅井郡の「お講汁」は、だし汁は使わず、カボチャやサトイモ、ダイコンの季節の野菜のダシを活用した汁物である。鮒ずしの頭を入れた味噌汁は「酢入り汁」といわれる郷土料理である。

食塩・醤油・味噌の特徴

❶食塩

製塩の原料となる海水を汲み上げる海浜を有していない。

❷醤油の特徴

野洲川の伏流水を仕込み水として醸造している。古い会社は1885（明治8）年に創業している。濃口たまり醤油を醸造している会社もある。

❸味噌の特徴

「白味噌」は「西京味噌」の名でも知られて、滋賀県では自慢の味噌の一つである。味噌漬け専用の白味噌として「白荒味噌」というものもある。

1992年度・2012年度の食塩・醤油・味噌の購入量

▼大津市の1世帯当たり食塩・醤油・味噌購入量（1992年度・2012年度）

年度	食塩（g）	醤油（mℓ）	味噌（g）
1992	2,489	11,108	6,258
2012	1,930	6,194	3,211

▼上記の1992年度購入量に対する2012年度購入量の割合（％）

食塩	醤油	味噌
77.5	55.8	51.3

琵琶湖のフナ、イサザ、小アユなどの小魚やスジエビ、シジミなどは飴

煮や佃煮にし、紅赤かぶ漬けのように食塩を使う。鮒味噌やハスの魚田などのように味噌を使う料理を家庭でもつくる場合、下ごしらえに食塩を使うので、醤油や味噌の購入量が少なくなっている。

このように、塩漬けや佃煮は家庭でも作るのためか、大津市の食塩や醤油の購入量が1992年度も2012年度も他の都道府県所在地に比べてやや多い傾向がみられる。

近年の食生活の中で、2012年度の食塩の購入量のそれほど多く減少せず、1992年度の購入量に比べ77.5%に留まっている。醤油や味噌の購入量の減少の要因は、外食の機会が増えた家庭が多くなったこと、仕事が忙しい人や共働きの人が調理のための時間のとれなくなり、宅配弁当やデパートなどの既製の弁当を利用する家庭も多くなったことなどがある。

地域の主な食材と汁物

琵琶湖の幸に由来する郷土料理が多い。古くから「近江米」が知られていたように、農業の中心は稲作であった。琵琶湖に棲息する淡水魚は、伝統料理や郷土料理として重要であった。

主な食材

❶伝統野菜・地野菜

水口干瓢、佐治カボチャ、甲津原ミョウガ、杉谷ナス、下田ナス、高月丸ナス、笠原ショウガ、坂本の食用菊、伊吹ダイコン、山田ダイコン、ニンジン菜、日野菜、秦荘ヤマイモ、安曇川の万木カブ、余呉の山カブラ、豊浦ネギ、へいやトウガラシ、その他（滋賀県環境こだわり農業農産物）

❷主な水揚げ魚介類

小アユ、ワカサギ、ニゴロブナ、ビワマス、イサザ、ホンモロコ、セタシジミ、スジエビ

❸食肉類

近江牛、鴨

主な汁物と材料（具材）

汁　物	野菜類	粉物、豆類	魚介類、その他
ウナギ／イサザのじゅんじゅん（鍋物）	ネギ		ウナギ(またはコイ、ナマズ、イサザ、マス)、淡口醤油
鴨すき	ゴボウ、ネギ	餅	調味；砂糖／醤油
泥亀汁	ナス	白がゆ、飯	ゴマ、味噌仕立て
御講汁	カボチャ、サトイモ、ダイコン、ニンジン、カブ		味噌仕立て
八杯汁	ゴボウ	豆腐	昆布（ダシ）、醤油仕立て
ギギの味噌汁			ギギ、味噌汁（溶き卵を流す）
つりかぶら汁	聖護院かぶ	豆腐	すりご、煮干し（ダシ）、味噌仕立て
枝豆汁（打ち豆汁）	サトイモ、干しズイキ	大豆、油揚げ	味噌仕立て
セタシジミ汁	刻み青ネギ		セタシジミ、赤味噌
鮎河菜汁	鮎河菜		味噌汁
すいり汁			鮒ずしの頭を入れた味噌汁
切干大根の味噌汁	切り干し大根、サトイモ		だし汁、味噌仕立て

郷土料理としての主な汁物

● じゅんじゅん　滋賀県の湖北地方や琵琶湖沿岸地区では、醤油と砂糖、みりんを使い、すき焼き風に味付けした鍋料理である。すき焼きの材料は牛肉と野菜類（地域や家庭によってさまざま）、豆腐などであるが、「じゅんじゅん」の場合は川魚や鴨肉を使う。かつて、琵琶湖の漁師たちは琵琶湖で獲れるウナギをすき焼き風にして食べた。この時の音が「ちゅんちゅん」とか「じゅんじゅん」と聞こえることから「じゅんじゅん」の名がついたという。現在は近江八幡、沖島の郷土料理として受け継がれている。

- **シジミ汁** 琵琶湖の瀬田川ではセタシジミが獲れる。マシジミよりも風味が良いとの評価がある。一般には、味噌汁の具として食する。
- **せんべい汁** 大津市の小麦せんべいを具にした鍋。
- **打ち豆汁** 琵琶湖の湖北地方、伊香郡などの冬の積雪量の多い地域の家庭料理。浄土真宗の宗祖とされる親鸞の法要である報恩講の御講汁として用意するもの。乾燥した大豆は水に入れて戻してから、すり鉢で擦り、油揚げ、サトイモ、豆腐、シイタケと一緒にだし汁に入れて弱火で煮込む。味噌仕立てにして食べる。大豆のたんぱく質の供給と野菜類からの食物繊維、ビタミン、ミネラルなどの供給によい汁物である。
- **つりかぶら汁** 聖護院カブ、豆腐を具にした味噌汁で、だし汁は煮干しでとり、味噌仕立てにする。最後にすりゴマを散らす。地野菜を利用した味噌汁である。
- **「どじょう汁」と「五葉汁」** 日野町蓮花寺には、「どじょう祭り」がある。田圃の水路などのドジョウだけでは祭用には不足するので、市販のドジョウを購入し、大鍋で炊いて、参詣者に分ける。白髭神社では、「五葉汁」を用意する。
- **どじょう鍋** 高島市方面の郷土料理。あく抜きしたササガキゴボウと三枚におろしたドジョウを醤油、砂糖とともに煮る。最後に、青ネギと溶き卵を流し込み、ふたして火を止める。
- **おとしいも** ヤマイモをすり鉢の周りで擦りおろしたものを、沸騰した味噌汁または澄まし汁に、スプーンで形を作り落とす。加熱して浮き上がったら火を止める。

伝統調味料

地域の特性

▼大津市の1世帯当たりの調味料の購入量の変化

年　度	食塩 (g)	醤油 (ml)	味噌 (g)	酢 (ml)
1988	4,785	17,833	7,906	3,459
2000	2,361	8,112	5,736	2,873
2010	1,102	5,867	5,335	3,535

　滋賀県の食生活は、中央に位置する琵琶湖に生息している魚介類や琵琶湖周辺の農作物の影響を受けている。太古から琵琶湖周辺に住み着いた人々は、琵琶湖の幸で命をつないできた。現在も好んで食べられているセタシジミや、ふなずしなどの保存食として利用されたフナが昔から大量に食べられていたことは、縄文時代の粟津湖底遺跡や石山貝塚からの出土品から明らかにされている。

　琵琶湖に生息している魚介類（アユ・フナ・コイ・モロコ・ビワマス・ハス・ウグイ・イサザ・ゴリ・ギギ・ナマズ・ドジョウ・シジミ・スジエビ）を食べるにあたりいろいろな調理法があるが、なれずしや佃煮などの保存食もある。これら保存食の加工には、大量の食塩と醤油を必要とする。滋賀県の県庁所在地大津市の1世帯当たりの食塩や醤油の購入量は他県の都市と比べると多い傾向がみられる。伝統食品や保存食の加工にも使用している購入量が関係していると思われる。

　滋賀県中主町に残る郷土料理の「手打ちうどん」は、小麦粉に少量の食塩を加えて練ってうどん生地を作る。この生地は伸ばして麺帯を作り、さらにこれを麺線に切ると、「手打ちうどん」ができる。このうどんの麺つゆの「だし」は、琵琶湖で漁獲された雑魚の焼き干しまたは煮干しで用意し、醤油で味付ける。熱湯で湯がいた熱いうどんを麺つゆの中に入れて食べる。うどんの生地を作る時に入れる食塩は、小麦粉のグルテンの分子間

Ⅱ　食の文化編　　99

の網目結合が生成されて強い粘弾性、すなわちコシが発現するのである。

　滋賀県の酒の肴となるものに、フナ味噌がある。味噌が調味料の役目でなく、肴としても利用されている例である。琵琶湖の源五郎ブナを、骨が軟らかくなるまで醤油でよく煮込み、さらに味噌・みりん・砂糖・ユズを入れて煮詰めると、味噌の固まりのようになる。できたものは、溶けるような舌触りに仕上がる。味噌を使った郷土料理には、「ハスの魚田」がある。彦根の名物で、淡水魚のハス（コイ科）は、姿のまま付け焼きしてから甘味噌を塗って焼き上げ、生卵をかけて食べる。「目川田楽」は田楽焼き・田楽豆腐ともいわれる。串に刺した豆腐に葛をひいてから、田楽味噌を塗りながら焼いたものである。滋賀県には味噌を使う料理が多い。家計調査によると、大津市の1世帯当たりの味噌の購入量は、近畿地方は東北、関東、東海、信越地方の県庁所在地の1世帯当たりの味噌の購入量に比べて少ない傾向がみられる。大阪や京都の購入量に近い。

　滋賀県の郷土料理としての漬物には、「紅蕪漬け」「日野菜漬け」がある。紅蕪漬けの原料の赤蕪は、飛騨高山と同じ系統の品種である。塩・砂糖・糠で漬ける。米の収穫がひと段落し、精米過程で出てきた糠の利用として紅蕪の漬物がつくられている。日野菜漬けという塩漬は、桜色がきれいなので「さくら漬け」ともいわれている。根（15〜20cm）は大根に似ているが、地上に出ている葉と根の部分は、赤紫色を帯びている。冬季に収穫した日野菜は、天日で乾燥させて熱湯をかけてから塩漬けにし、アクを抜いてから、さらに塩漬けにする。食べる時は食酢をかけて食べるという珍しい漬物である。塩漬け類が多いので食塩の使用量が多い地域と思われる。

　「家庭調査」をみると、大津市の1世帯当たりの砂糖の購入量が京都市や大阪市に比べるとやや多い傾向がみられるのは、この地域は和菓子の発達している地域と関係があるように思われる。

知っておきたい郷土の調味料

　滋賀県で琵琶湖に面して広がりをみせる穀倉地帯は、昔から「近江米」の産地として関西方面を代表的する米の主産地である。米の主産地であることからほとんどが米味噌を製造し利用している。味噌の出荷状況をみると米味噌のみであり、米味噌や麦味噌の出荷はみられない。

醤油・味噌

- **野洲川の伏流水を用いた醤油醸造**　醤油の原料の大豆や麦は近隣の県から購入し、野洲川の豊富な伏流水を仕込み水として醤油を醸造している。創業が明治18（1885）年の雲弥商店（びわ町）、大正6（1917）年の遠藤醤油㈱など、他県に比べると創業が比較的新しい会社がある。

- **ヤマキ金印しょうゆ**　㈲醤油屋喜代治商店は醒井（さめがい）の清流で仕込むしょうゆ、味噌を作っている。

- **彦根の濃口たまりしょうゆ**　彦根市の原宮喜本店が手間暇かけて作っている。濃口醤油も淡口醤油も醸造している。

- **白味噌専門の醸造**　創業明治元（1868）年の九重味噌製造㈱は、120年以上も白味噌（西京味噌）を作り続けている。塩分濃度が3.7％で、手作りの米麹の甘さと香りを強調している。甘味、香り、うま味のある「極上白味噌」は、滋賀県の「九重味噌製造」が自慢としている白味噌（西京味噌）である。糖化力の強い米麹（長白菌という麹菌を使う）を使うことにより甘味豊かな白味噌に仕上がる。手作りの米麹が完成するまで4日間かかる。

- **白荒味噌**　九重味噌が販売している西京漬け、味噌漬け専用の味噌である。漬ける具材が塩辛くならないように普通の白味噌に比べて塩分濃度を低くし、白味噌の風味が具材に残るように工夫した味噌。地元では、この白荒味噌の人気は高い。九重味噌が販売している「特撰一年味噌」は米麹の使用量を使った赤味噌である。まろやかな甘味のある赤味噌であり、飽きのこない味の味噌である。「上白味噌」は清酒を加えて保存性のある白味噌である。

たれ

- **すき焼きのたれ**　濃口醤油をベースに砂糖やだし汁を加えた「すき焼きのたれ」（遠藤醤油㈱）は、すき焼きだけでなく肉じゃが、どんぶり物、煮魚にも利用範囲がある。おろしショウガとこの「すき焼きのたれ」をあわせると「焼肉のタレ」として使える。

ドレッシング・ポン酢

- 花様（かよう）ドレッシング　遠藤醤油㈱が醤油をベースにしたドレッシングやポン酢を製造販売されている。遠藤醤油㈱は、地元、守山産の『丸大豆』と『小麦』を使用し、杉の桶で2年余の発酵と熟成をし、まろやかさとコクのある天然醸造の「琵琶湖のしずく」のブランドの醤油を開発している。

調理味噌

- とりやさいみそ　滋賀県の湖北地方、北近江地方の家庭では欠かせない調味味噌。ピリ辛みそで、野菜にもご飯の惣菜にも、味噌味仕立ての鍋にも使われる。「とり」の名はあるが、鶏肉は入っていない。22種類のスパイスに、唐辛子、調味料、昆布や野菜のエキス、果汁、水飴などの入った万能調味料といえる。もともとは、戦国時代の賎ヶ岳の戦い（天正11［1583］年）で、琵琶湖周辺の藩が秀吉に献上した「味噌・野菜・肉の煮込み汁」で、秀吉の勢力が生気を取り戻したという伝説がある。この伝説を参考に琵琶湖周辺の会社（びわこ食品）によって作られた調理味噌である。ピリッと辛い中に甘味があり、一度口にするとやみつきになるという調味味噌である。

郷土料理と調味料

- フナ味噌　ふなずしの材料ともなる琵琶湖の源五郎ブナを骨が軟らかくなるまで醤油で煮込む。さらに、米味噌・味醂・砂糖・柚子を入れて煮詰める。フナは味噌の固まりのようになり、溶けるような舌触りとなる。酒の肴に利用される。
- 目川田楽　田楽焼き・田楽豆腐ともいう。近江の目川の田楽は、串に刺した豆腐に水溶き葛粉を付けてから田楽味噌を塗り、蒸篭で蒸してから焼いたもの。江戸初期には江戸に伝えられた、古い調理法の田楽。
- 味噌煮込みうどん　滋賀県の味噌煮込みうどんは、最近のB級グルメブームで人気である。滋賀県草津駅の味噌ラーメンもブームになっている。

発　酵

鮒ずし

◆地域の特色

　滋賀県は、近畿地方の北東部にあり、周りは京都府、三重県、福井県、岐阜県に接している。北部は野坂、伊吹山地、東部は鈴鹿山脈、西部は比良、比叡山地がある。中央部には日本最大の淡水湖である琵琶湖と近江平野が広がっている。明治時代初期までの令制国の近江国（江州）と完全に一致する。瀬戸内海性の気候で降水量は比較的少なく、平野部で年間1200〜1300mm、山間部で1400〜1500mm 程度である。

　滋賀県が「湖国」と呼ばれるように、琵琶湖は県のシンボルである。地域性も琵琶湖を挟んで異なる。水運交易が盛んだった近世には若狭湾と上方を繋ぐ中継地として、大津など内水系の港湾が発展した。東海道、中山道、北陸道が合流する陸上交通の要衝であった。

　農業は稲作中心で、県内の耕地面積のほとんどを水田が占めている。また、滋賀県は日本茶発祥の地ともいわれ、江戸時代には政所茶が宇治茶と並び有名だった。現在も甲賀市土山町と信楽町朝宮を中心に栽培が行われている。琵琶湖における漁業も盛んで、ニゴロブナ、ホンモロコ、ビワマスなどの魚類、スジエビなどのエビ類、セタシジミなどの貝類が漁獲される。

◆発酵の歴史と文化

　なれずしは、冷蔵庫などなかった古代に動物性タンパク質を保存するための知恵として生まれた発酵食品である。主に魚を塩と米飯で乳酸発酵させた食品であり、東南アジアがルーツといわれている。中国南部の雲南省やタイ、カンボジアなどのメコン川流域にも独特の強烈なにおいのするなれずし文化がある。現在でも全国各地で作られているが、その代表的なものが滋賀県の鮒ずしである。

　鮒ずしには、3〜5月頃に琵琶湖で獲れるニゴロブナが使われる。子持

Ⅱ　食の文化編　　103

ちの鮒の内臓やうろこを取って3カ月ほど塩漬けした「塩切り鮒」のえらの
中にご飯を詰める。次に、桶の下にご飯を2cmほど詰め、えらにご飯を
詰めた鮒を丁寧に並べ、その上にご飯を厚く敷き詰める。これを繰り返し、
最後に厚めのご飯を詰め、重石をして約半年から1年間、発酵させる。乳
酸発酵によって酸っぱくなり、pHの低下により雑菌の繁殖を抑えつつタ
ンパク質の分解に伴うアミノ酸成分により、独特の旨みが増加する。

　滋賀は年間を通じて湿度が高く、山々に降り注いだ雨や雪解け水は、安
曇川などの河川を経て琵琶湖に流れ、琵琶湖にはアユやフナなどが、水田
では稲が育つ。鮒ずしは、豊かな大地の恵みを使った理想的な循環サイク
ルにより成り立っている。

　現在の主流である江戸前ずし（にぎりずし）などの早ずしは、なれずし
から派生したものであるが、まったく異なる味とにおいのすしである。江
戸前ずしは、江戸っ子が生んだファストフードであり、乳酸発酵した米飯
の代わりに酢飯を使用し、新鮮な刺身をのせたものである。

◆主な発酵食品

醤油　滋賀県では、濃口醤油のほか、淡口醤油、溜り醤油などが造られ
ている。江戸時代後期に建てられた「大蔵」などが登録有形文化財
に指定されている丸中醤油（愛知郡）、街道沿いの宿場町で栄えた木之本
にあるダイコウ醤油（長浜市）のほか、遠藤醤油（守山市）、醤油屋喜代治
商店（米原市）、かくみや醤油原宮喜本店（彦根市）などがある。

味噌　糀屋吉右衛門（野洲市）では、大豆の2倍量の麹を使い甘く深み
のある味の手作り味噌を造っている。また、米や大豆の持ち込み材
料による味噌製造も行っている。その他、沢尾味噌・こうじ製造所（長浜
市）、渡辺糀店（犬上郡）、西川みそ糀店（高島市）、糀や儀平（東近江市）、
小川糀・味噌醸造（長浜市）など数多くの麹屋が県内各地にある。

日本酒　江戸時代、東海道と中山道が交わる近江の国は交通の要所だっ
た。街道沿いには宿が立ち並び、それに合わせて造り酒屋も栄
えた。また、近江の特産品を日本各地に広め売り歩いていった近江商人も
近江の酒の発展に貢献した。全国各地の酒造りの技術を近江に伝えるばか
りではなかった。関東地方などの造り酒屋では、近江商人が始めた蔵も数
多くあり、近江の酒造りは全国へも影響を与えている。

琵琶湖の周りをぐるりと取り囲む山々が雨や雪を呼び、きれいで豊かな水が田畑を潤し、琵琶湖へ注がれる。また、滋賀は酒米の栽培に最適な山よりの傾斜地が多く、玉栄、山田錦、吟吹雪、滋賀渡船6号などが栽培されている。「吟吹雪」は、玉栄と山田錦のDNAを受け継いだ滋賀の吟醸用の酒米である。県内の蔵元数は約40で、各蔵の生産石高は大きくはないが、それぞれが独自性をもつ酒を造っている。

北国街道沿いで450年以上の歴史を刻む冨田酒造（長浜市）、寛延年間（1748～51年）に創業以来、260年以上の歴史をもつ福井弥平商店（高島市）、1820（文政3）年創業の喜多酒造（東近江市）のほか、松瀬酒造（蒲生郡）、北島酒造（湖南市）、笑四季酒造（甲賀市）、吉田酒造（高島市）、上原酒造（高島市）などがある。

ワイン　1946（昭和21）年に琵琶湖湖畔でワイン造りを始めた太田酒造栗東ワイナリー（栗東市）や、全国的には珍しい濾過しない製法でにごりワインを製造しているヒトミワイナリー（東近江市）などがある。

ビール　キリンビール滋賀工場（犬上郡）のほか、クラフトビールとして、長浜浪漫ビール（長浜市）、びわこいいみちビールを造る滋賀酒造（甲賀市）などがある。

鮒ずし　古くから琵琶湖産のニゴロブナなどを使って作られている、なれずしで、滋賀県を代表する発酵食品である。

鯖のなれずし　炊いたご飯を魚の体内外に一緒に漬け込み、米を乳酸発酵させたもので、独特の味と香りがある。鯖街道沿いの高島市朽木周辺の家庭で作られる。

日野菜漬け（ひのなづけ）　カブの一種で、蒲生郡日野町鎌掛（かいがけ）が原産の伝統野菜である日野菜を糠漬けにしたものである。日野菜は、現在では長野から九州までの幅広い地域で栽培されており、滋賀県発祥の野菜の中では全国に広まった最も有名な伝統野菜である。

桜漬け　主に湖東、湖南地域で栽培されている日野菜は、根が細長いダイコンのような円錐形をしており、地上に出ている根元の部分が紫色になる。これを短冊切りにし酢漬けにしたもので、きれいな桜色になる。

北の庄漬け　米原市や彦根市で穫れる赤丸かぶを酢漬けや糠漬けにしたもので、真っ赤な色彩とシャキシャキした歯ごたえが特

徴の漬物である。赤丸かぶは近江八幡市北之庄町周辺で作られていたカブの在来種で、日野菜の変異種とされる。

◆発酵食品を使った郷土料理など

泥亀汁　　　ごま油で焼いたナスを入れた、白味噌仕立ての味噌汁で、煎りごまを浮かべる。東近江市に伝わる料理である。「泥亀」は汁の中のナスを亀に見立てたことに由来する。

たくあんの煮物　　　古沢庵漬けをだしや醤油、酒、砂糖などで煮付け、仕上げにトウガラシなどを散らしたものである。酒のつまみやご飯のおかず、茶漬けの付け合わせとして、温かいまま、または冷やしたものを食べる。主に滋賀県、京都府に伝わる郷土料理である。贅沢煮とも呼ばれる。

子持鯉の煮付　　　卵を抱えたメスのコイを筒切りにして、醤油などで煮た料理である。子持鯉の旨煮、子持鯉のあめ煮ともいい滋賀県の郷土料理である。

◆発酵にかかわる神社仏閣・祭り

御上神社（野洲市）　甘酒神事　　　毎年10月に行われ、献江鮭祭とも呼ばれる。酒、甘酒、めずし（タデずし）、青菜漬けなどが供えられる。470年以上の歴史があり、国の重要無形民俗文化財に指定されている。

総社神社（甲賀市）　麦酒祭　　　毎年7月18日に開かれ、新麦と麹で醸造した麦酒を神殿に供える。1441（嘉吉元）年の本田修復の際に新麦を使って麦の酒を造り、麦の豊作と悪病除けを祈願したことが始まりである。日本のビールの元祖として有名で、全国各地からビール愛好家が集まる。

下新川神社（守山市）　すし切り祭り　　　毎年5月に開かれる祭りで、祭神の豊城入彦命が、この地で休憩した折、フナの塩漬けを焼いて献上したところ大層喜ばれたという故事が起源とされている。神事は裃姿に脇差を差した当番の若者二人が古式に則り真魚箸という鉄製の箸と包丁を両手にもち鮒ずしを切り分け神前に供える。

菌 神社（栗東市）　5月3日の祭礼では古代より伝わるじゃこのなれず
しが神饌として供えられる。菌とはカビやキノコの
ことであり、漬物など発酵に縁のある人たちが多くお参りする。

◆発酵関連の研究をしている大学・研究所

立命館大学生命科学部生物工学科　酵母や麹菌などを用いた基礎研
究から、発酵食品製造を目指した
応用研究なども行われている。

龍谷大学農学部資源生物科学科　酵母および乳酸菌の発酵食品など
への応用と、環境保全への応用を目
指した研究が行われている。

発酵から生まれたことば　羹に懲りて膾を吹く

　ある失敗に懲りて、必要以上に用心深くなり無意味な心配をすることをいう。羹とは、肉や野菜を煮た熱い汁物で、膾は細切りの生肉、生魚に薬味や酢をつけたものである。日本に伝わり、魚介類や野菜類を細く切り、酢を基本にした調味料で和えた料理に発展した。

　冷たい食べものである膾を、食べるときにまで息を吹きかけて冷ましてから食べようとしてしまう、という状況を表している。中国戦国時代後期に楚（長江の中流地域）で詠われた韻文を集めた書である『楚辞』に、「羹に懲りて膾を吹くように、用心深く身の安否を顧みよ」という意味で使われている。

Ⅱ　食の文化編

和菓子／郷土菓子

穴村のだんご

地域の特性

 古く「近江国」とよばれ、近江は遠江（現静岡県）の「遠つ淡海」（浜名湖）に対し、「近つ淡海」の琵琶湖をさしていた。現在も滋賀県を「湖国」といい、県のシンボルである。その琵琶湖を囲んで市町村があり、最近は「近江県」の名も浮上してきている。県北は日本海気候で雪が多く、南部は内陸気候で比較的穏やかである。地域は湖南・湖東・湖北・湖西に分けられ、県都大津市は湖西にある。

 古来から、近江国は奈良や京都に近いことから都を守る重要な拠点で、「近江を制する者は天下を制す」とされ、数々の戦乱の舞台となった。また都の華やかな歴史の裏方として、歴史的・文化的資源も豊富で、「菓子文化」も古式が残され興味深い。

地域の歴史・文化とお菓子

近江の古社寺と菓子

①餅の神様を祀る小野神社

 琵琶湖の西側を走るJR湖西線には、「和邇」「小野」といった古代の名族を髣髴とさせる駅がある。和邇駅近くにある小野神社は、小野氏の祖神を祀る神社で、遣隋使として中国に渡った小野妹子はこの土地の出身とされる。また、平安初期の政治家で歌人の小野 篁、平安中期の三蹟の１人小野道風を祀る神社もある。

 小野神社の祭神は天足彦国押人命と米餅搗大使主命の２神で、米餅搗大使主命は天足彦国押人命の子孫で、応神天皇の時初めて餅を作り「米餅搗」の姓を賜ったとされる。

②餅の古い形「粢」

 米餅搗は古くシトギツキと読み、シトギは粢と書き餅の古形である。小

野神社では毎年11月2日に「粢祭り」が行われる。シトギは蒸したり茹でたり火を一切使わない餅で、よく磨いだもち米を一昼夜水に浸し、水を切って臼で砕いて搗き固める。餅独特の粘りは少ないが、シトギのシトは「雨がシトシト降る」のシトで、しっとりした優しい感触の「粉餅」である。「粢祭り」は、シトギを藁ヅトに詰めて神前にお供えし五穀豊穣を祈る。

③餅の神様は菓子の神様

藁ヅトの粢のお下がりは、このまま蒸すと粽に、焚き火にくべると藁が燃え尽きる頃こんがりと焼きシトギになる。シトギは、餅菓子の元とも考えられる。つまり、小野神社の祭神・米餅搗大使主命は「餅及び菓子の匠・司の始祖」として、餅菓子業界の人々に「菓子の神様」として信仰されるようになったのである。

小野神社の正面両脇には、菓子業界から奉納された大きな石の鏡餅が一対、狛犬さんのように鎮座している。

④三井寺の力餅

近江八景の1つ「三井の晩鐘」で知られる三井寺は、園城寺とよばれ天台寺門宗の総本山である。延暦寺と仲の悪い時代があり、比叡山西塔谷武蔵坊にいた荒法師弁慶を先陣に三井寺を攻略した。堂塔伽藍を焼き尽くし、その時、寺の鐘を戦利品として比叡山まで引き上げ、鐘をついたところ「イノー、イノー（帰りたい、帰りたい）」と鐘が響いたという。「弁慶の引摺鐘」という伝説で、弁慶はこの鐘を戻したと伝わっている。

三井寺の黄な粉たっぷりの力餅は怪力弁慶に因んだ餅で、もち米粉を蒸して搗いた餅を千切って丸め3個ずつ串に刺す。それに糖蜜を掛け、さらに青大豆の黄な粉をたっぷりと掛ける。イソフラボンいっぱいで、黄な粉の香ばしさが元気を与えてくれる。

⑤多賀神社の糸切り餅

土地の人たちに「お多賀さん」とよび親しまれている多賀町の多賀神社は、伊勢神宮の祭神天照大神の父母神、伊邪岐・伊邪那美を祀っている。そのため「お伊勢参らばお多賀へ参れ、お伊勢お多賀の子でござる」とうたわれてきた。

多賀神社の名物といえば「お多賀杓子」と「糸切り餅」である。お多賀杓子はお玉杓子の語源になった木の杓子で、糸切り餅は白い餅の表面に青、赤、青の3本の筋の入った餅で、蒙古軍の旗印を意味していた。

Ⅱ　食の文化編　　109

⑥糸切り餅の由来

　鎌倉中期、我が国には蒙古軍の来襲があった。その困難に全国挙げて神社仏閣に勝利を祈願した。甲斐あってか俄かに「神風」が起き、蒙古軍船はことごとく沈没し勝利し、その時の戦捷品を納めたのが多賀神社の船塚とされる。蒙古軍の戦艦の舳先に船印として、青、赤、青の3条の旗印があったことから、赤と青で彩られた餅が作られたとされる。そして古来より「刃物を使わず悪霊を断ち切る」という習わしから、弓の弦で餅を切り、寿命長かれと祈った。

⑦もう1つの由来譚

　江戸時代の文政年間（1818〜30）、源氏名を「三島」という芸者さんが、贔屓の関取の病気平癒を祈り、願いが叶ったので餅に3本の色筋を付け、三味線の糸で餅を切り売り出したという。

　今も多賀神社の門前には昔ながらの餅店があり、なめらかな餅皮で餡を棒状に巻き、三味線の糸で切り分けている。

行事とお菓子

①旧永源寺町（東近江市）黄和田・日枝神社の「ちん作り」

　これは土地の人たちに「ケミヤ」とよばれる山の神さまのお祭りで、正月2、3日に行われる。正式には「敬宮のちん作り」と称され、神様への供え物“神饌菓子”を作る行事で、「ちん」は餅のことで「搗ち飯」が変化したもの。「ちん作り」は神事の1つで、土地の若者たちが行っている。

　昔は前述のシトギ餅から作っていたが、現在は米の粉を練って団子にし、ひよどり、亀、兎、猪、猿、信濃犬など14種の形に作り食用油で揚げる。この供物は平安時代に流行した「唐菓子」の製法とよく似ている。神事が終わると集落の家々に配られ、かつては子供たちが待ちかね、焼いたり雑煮に入れたりして食べた。この地方では、オヤツのことを「おちん」とよんでいる。

②兵主神社（野州市）大祭のよごみ団子

　5月5日が大祭で、御馳走はかしわ（鶏肉）とネギのすき焼きとよごみ団子で、「よごみ」は蓬（ヨモギ）のことである。摘んで来たら木灰を入れて熱湯で湯がいて使う。この地方には「ほおこ団子」もある。ほおこは母子草の別称で、春の七草の御行のこと。平安時代には主に母子草が使

われていた。香りは少ないが、団子に粘りがある。

③端午の節供の「つのまき」

　野州市の中主町では琵琶湖のヨシの葉を使って粽を作る。米の粉を捏ねて蒸し、臼で搗くがこの時砂糖を入れると堅さにむらがない。円錐形の団子をヨシの葉の広い所に置いて折り曲げて包む。紐はヨシの葉を裂いて使い5本を1束に結ぶ。食べるときは再度蒸す。

④旧朽木村（高島市）の水無月祓いの「わぬけ餅」

　6月2回目の丑の日に、夏を無事に越せるようにと神棚に供える。水煮した小豆を、小さな鏡餅の底辺にびっしり貼り付け、白い餅の上部に胡瓜の輪切りと生の小麦（または小豆）を5粒飾る。食べるときは放射状に切って砂糖を付ける。

⑤日野町中山・野神祭り（9月1日）の「御鯉」

　野神祭りは琵琶湖の湖東から湖南にかけて多くみられる祭りで、野神は「百姓の神様」とされ一種の収穫祭で、神様のお供えは米粉で作ったシトギ餅である。お供えとは別に「御鯉」が作られ、この祭りは「芋くらべ祭り」といって、「唐の芋」の根から葉先までの丈を競い合う奇祭である。「御鯉」は家庭で作られ来客の手土産となる。米粉ともち粉を捏ねて蒸し、コイが彫られた木型に鬢付け油を塗り、生地を押して煎餅状のものを作る。葉鶏頭から紅色の絞り汁を取り彩色し油で揚げる。今日風には「鯉煎餅」である。平安時代の唐菓子に「魚形」があるが、「御鯉」はその系統とも考えられる。

知っておきたい郷土のお菓子

● **大津絵落雁**（大津市）　江戸前期の1661（寛文元）年創業の藤屋内匠の大津を代表する銘菓。大津絵は寛文年間（1624～44）に仏画として描かれたが、後に東海道の旅人に土産物や護符とされた。有名な「藤娘」は良縁、「鬼の寒念仏」は子供の夜泣きにと効用があった。この落雁は、9種類の絵柄を彫った江戸末期の木型で現在も打ち出されている。和三盆、葛粉、寒梅粉を混ぜた生地を裏漉しして木型に入れて抜く。「近江八景」の落雁もある。

● **走り井餅**（大津市）　走井の名水がほとばしる様を水滴の形で表した大津の名物餅。京と近江を分ける逢坂越えの人々でにぎわった大津追分で

Ⅱ　食の文化編　　111

旅人の疲れを癒したその名水は今も湧き出ているが、当時の茶屋はない。

- **でっちようかん（丁稚羊羹）**（大津市）　近江八幡の老舗和た与が作る竹皮の香りが素朴な蒸羊羹。小豆餡に小麦粉を混ぜ、竹皮に薄く包んで強火で蒸し上げる。平成10年「湖魚のなれずし」などとともに県の無形民俗文化財に指定された。

- **あも**（大津市）　叶正寿庵の代表銘菓。やわらかな求肥を丹波大納言小豆の粒餡で包んだ棹もの。「あも」は宮中の女房言葉で餅を意味する。創業は新しいが、工夫を凝らした詰め合わせなど贈答用菓子の人気が高い。

- **ふくみ天平**（近江八幡市）　たねやが考案した手作り最中。求肥入りの餡と最中の皮を別々に包装し、食べる時に詰める最中のさきがけ。「ふくみ天平」とは、天平棒一本で諸国を旅した近江商人に思いを寄せた最中。

- **埋れ木**（彦根市）　1809（文化6）年創業のいと重菓舗の彦根銘菓。「益寿糖」で名を馳せ彦根藩井伊家御用達となる。「埋れ木」は水飴でじっくり炊いた白餡を求肥で包み、抹茶入り和三盆糖をまぶしてある。菓銘は彦根藩主・井伊直弼が青春時代を送った「埋れ木の舎」に因んでいる。井伊直弼は茶道の極意書『一会集』を編み、大名茶人としても知られている。

- **姥が餅**（草津市）　草津宿の名物餅。その昔、主君の幼君を託された乳母が作り始めた餅で、餅を餡で包み上部に白砂糖がのっていた。今は白餡だがこれは乳母の乳房を表していた。当時人気の餅で家康も食べたという。

- **穴村のくし団子**（草津市）　「穴村の墨灸」は、モグサの抽出液をツボにつける熱くない灸で、夜泣きの子供に効いて人気だった。その灸院前の吉田玉栄堂が子供のために作ったのがこの串団子で、竹の節を使って細い竹串が扇形に何本も広がっている。小粒団子が50個、根元にいくほど小粒になり、最初の1つは母親の乳房を表し、美しい扇形になっている。

- **堅ボーロ**（長浜市）　元祖堅ボーロ本舗の長浜名物の郷土菓子。九州方面のボーロとは製法が異なりかなり堅い。小麦粉、黄ざら糖を練って二度焼きしたものに、白ざら糖と生姜汁を混ぜた濃度の高い糖蜜を掛け、

岩のように作ったもの。初代が1894（明治27）年日清戦争の最中に創
製し、日露戦争時は「亡露」ともよばれ、旧陸軍の御用達であった。

乾物 / 干物

ミズクグリ

地域特性

　滋賀県の面積の70%を占める中央部に位置する琵琶湖を中心に、農業、商業、漁業と多くの産業が生まれているという点で、全国的にも珍しい県である。琵琶湖周辺は水に恵まれ、稲作地帯が広がり、雨水は川となり、川のまわりに扇状に平野部が広がり、彦根、長浜、八日市の平野部は近郊野菜農業が広がる。滋賀県には琵琶湖から捕れる淡水魚は、鯉、鮒をはじめワカサギ、オオクチバスなど40種類以上が生息している。

　滋賀県の農業の特徴は、琵琶湖を中心に広がり、環境汚染に配慮し、農薬、化学肥料を少なくした環境農業が盛んに行われ、主に稲作中心であることである。古くから「近江米」として知られ、現在も「コシヒカリ」が最も多い。米から小麦へ、小麦から大豆などへと転作しているが、用地は限られている。また、お茶どころとして茶が生産され、酪農では和牛「近江牛」が有名である。

知っておきたい乾物 / 干物とその加工品

丁字麩（ちょうじふ）　麩というと普通は丸いイメージがあるが、近江八幡、彦根市の「丁字麩」は四角い形をしている。彦根が産地として有名な丁字麩は、近江八幡開町の祖、豊臣秀次が丸い麩は持ち運びに不便なため近江八幡の街並みのような角型にしたといわれる。麩の表、裏には城下の民を忘れないために小径を表す印として線が入っている。

　丁字麩の由来は、中国から伝えられた「丁子」という漢方の名から引用されたのが始まりで、「身体によい漢方のような麩」という意味を持っている。丁子から丁字に変わっている。麩は安価で保存が効き、高タンパク、低カロリーであるため、古くから親しまれている。

《滋賀県産在来大豆》

ことゆたか　滋賀県だけで栽培されている大豆で、タンパク質含有量が多く、硬い豆腐ができ、淡い味噌や赤味噌のいずれにも向いている。

ミズクグリ　湖東地域で昔から作られている緑色の在来種。味噌や醤油に使われている。五個荘地域の農家でも田んぼの畔に植えて、味噌や醤油の原料に利用しているが、最近は農家でも栽培が少なくなっている。

フクユタカ、オオツル、タマホマレ　主な栽培品種で、滋賀県では昔から味噌や醤油、豆腐などが各地方で作られている。琵琶湖のスジエビと大豆を一緒に煮た「えび豆」や湖北地方に伝わる打ち豆汁など大豆を使った郷土料理も多く、暮らしに根づいている。また、近畿地方の大豆の60％以上を占め、全国的にも大豆栽培の盛んな県である。滋賀県の「環境こだわり農産物」の認証を受けている。

黒大豆　丹波黒、早生黒など大粒のものが主に栽培されている。黒大豆は、抗酸化作用や視力向上作用を持つアントシアニンを含んだ栄養満点の食材として販売されている。生産時期は10〜12月である。

滋賀県産小麦「ふくさやか」　滋賀県は全国でも有数の小麦の産地で、「うどん」などの製麺に適した「農林61号」「ふくさやか」が主に栽培されている。県内産「ふくさやか」を使った「近江うどん」は人気があり、近江牛とコラボレートした麺文化がある。ほかにクッキー、ドーナツ、地元の六条麦を使ったペットボトルむぎ茶などにも使われ、ビール麦用二条麦の栽培も盛んである。

赤いこんにゃく　滋賀県近江八幡には赤いこんにゃくがある。織田信長の派手好きが高じて、こんにゃくを赤くしたともいわれる。赤は魔除けでもあり、祝いの膳には欠かせない、昔からの付きものである。近江商人は商人道として有名で、全国に行商していく中で赤いこんにゃくを考案した。諸説はいろいろあるが、定かではない。赤色は食品添加物の酸化鉄で色付けしたもので、こんにゃくにはマンナンの成分として表示されている。

Ⅱ　食の文化編

焼さば素麺

素麺のことではなく、地元でいう「焼きそば」との食べ合わせが長浜名物で登場する。焼さばを甘辛く炊き込み、そのだし汁で茹で上がった素麺を軽く炊いて、その上に炊いた焼さばを盛り付けて食べる。さばのだし汁が素麺の淡泊と合うことから広まったようだ。

伊吹蕎麦

滋賀県東近江の伊吹山で始まった在来種日本蕎麦が長野県木曽、甲斐、信州にまで名産物として伝わったという。伊吹盆地の蕎麦は味、香り、風味共によく、人気である。

ひえゆば（比叡湯葉）

比叡ゆばは、中国から持ち帰ったゆばが比叡山延暦寺に伝わったのが初めといわれる。肉を食することができない禅の精進料理に欠かせない食材として必ず登場する（乾物は肉などをまねた「もどき」の食材となるのが基本である）。大豆の加工品の中でも僧侶にとっては大事な栄養源の植物性タンパク質源である。今日まで受け継がれている伝統食品でもある。味噌汁、煮物など、すぐ湯戻しできて、料理が簡単で、かつ、栄養価が高いことから、京料理の代表的食材としても使われる。

大豆「ふくゆたか」

岡大豆と白大豆3号をかけ合わせた品種で、滋賀県栗東地方の産物。直まき、畔立ち方法で、早まきの場合には栽培密度を抑えたり摘心するなどして倒伏を抑えるなど、栽培方法に特徴がある。肥沃な水田の転換畑でも、早まき、無肥料でも栽培ができることから、特に栗東市近郊は工場ばい煙のない田園が広がる町作りに好評である。

でっちようかん（丁稚羊羹）

羊羹の原料は、乾物の小豆と寒天で作る。その昔から滋賀県は近江商人の発祥地として有名であり、商人の原点である見習いを丁稚といい、見習い奉公が里帰りに買うことから名付けられ、今なお丁稚羊羹という名で売られている。

みなくちかんぴょう（水口干瓢）

甲賀市水口町はかつて東海道50番目の宿場町「水口宿」として栄え、歌川広重の錦絵『東海道五十三次』の絵にも登場する。干瓢を干す夏の女性の場面が描かれている。1600年ごろ水口岡山城主の長束正家が作らせた。栃木干瓢は後の城主鳥居秀忠が下野の国壬生に城主の国替え

したことにより伝わったという。

　宇川地区は、毎年4月25日の宇川天満宮の祭礼に干瓢をふんだんに使った押しずしが作られるという土地柄である。この宇川寿司は、寿司飯の上に塩ぶりのほか、干瓢などの具材を敷き詰め、竹の皮をはさみ、幾層も積み重ねたとても豪華な押し寿司である。

　宇川地区では、今も朝7時前に収穫されたユウガオが軽トラックで畑から運ばれる。バレーボールほどの大きい薄緑色のユウガオを朝の冷たい空気の中で機械にかけて外皮を削り、幅3cm、薄さ3mm程度の真っ白な実を細長く剥るところから始まる。回転するユウガオに切り刃を当てると、勢いよく白い帯状の干瓢ができ上がる。

　長さは2〜3mほどにむき、白い帯状の干瓢を干し棒に吊るし、乾燥する。約1日半天日干し乾燥し、製品化する。この乾燥が難しく、雨の日、風の日は中止となる。手間がかかる作業である。栃木県壬生地区でも同じ工程であるが、水口地区との違いは、代々種を自家採取しているところにある。

　独自品種の苗を育てるところから、つる切り、わら敷き、人手による受粉、有機肥料主体の土作りと、春から夏まで手間をかけている。「昼と夜の寒暖さがある気候と、水はけがよく乾燥し過ぎない土壌が昔から水口干瓢作りに適していたのだろう。

　生産量は少ないが、柔らかくて味が染みやすく、だしをよく含むという特徴があり、それに加え、収穫後に硫黄等で漂白しない「無漂白」なので、安心して使える。巻きずしはもちろん、和え物、ゼリーなどに料理されているようだ。干瓢は製品であって、ウリ科のゆうがおの実を剥いて干して乾燥したものである。

Ⅲ

営みの文化編

伝統行事

日吉大社山王祭

地域の特性

滋賀県は、内陸県である。ほぼ中央に日本最大の湖である琵琶湖を有する。その沿岸には、湖北・湖東・湖西・湖南それぞれに平野が開け、その外側を伊吹山地・鈴鹿山脈などの山々が囲む。気候は、北部と南部でははっきりと分かれており、南部は典型的な内陸性気候で温暖だが、北部は、北陸の気候に近く、冬の積雪が多い。

江戸時代には、京都と大坂に通じる交通の要衝として宿場町や琵琶湖の水運が栄え、信楽焼・大津絵・近江上布・高島硯などの工芸も発達した。一方で、琵琶湖や河川の水害に悩まされ続けた。そこで、明治時代には、琵琶湖の利水と治水のため、琵琶湖疎水、南郷洗堰などがつくられた。

近江八景、琵琶湖八景と呼ばれる名勝地を伝える。

行事・祭礼と芸能の特色

国の重要無形民俗文化財の指定を受けるのは、「長浜曳山祭の曳山行事」(長浜市)・「近江中山の芋競べ祭り」(蒲生郡)・「三上のずいき祭」(野洲市)である。長浜の曳山には狂言が加わる。その他にも琵琶湖東岸に曳山行事が分布する。サトイモとそのずいきを冠した行事の残存は、稲作の発達が不十分な時代までさかのぼってみると、とくに山間の地においてはサトイモが重要な食料であったことを物語る。餅なし正月に通じる行事である。

伝統的な民俗芸能としては、太鼓踊が分布をみる。

主な行事・祭礼・芸能

日吉大社の祭礼

大戸開神事 1月1日の早朝、篝火のなか厳粛に執り行なわれる。神殿の御扉を開き、燭を内陣に進め、献饌を行なう。その後、外陣中央の蔀戸

をはずし、簾を捲き上げ、祝詞を奉上。玉串を献じたところで、能太夫が謡曲「翁」をうたう。終わると、外陣の戸を閉じ、簾を下げ、撤饌。燭も撤する。

榊神事 4月3日に行なわれる神幸祭。数十折の紙垂を付けた大榊と幸の鉾が天孫神社（日吉榊殿ともいう）に神幸を行なう行事である。

天孫神社からは神職と稚子1人に従者数人が高張提灯を照らして奉迎に出向く。そして、本宮に進み、稚児だけ拝殿に昇って、勧盃の式が行なわれる。これが終わると、神職が「小松明」と呼んで松明を掲げさせ、次に「榊廻せ」と命じると、奉迎の従者らが大榊と幸の鉾とを本殿階下の板敷に置く。宮司が渡御の祝詞を奏した後、「榊引き出せ」との令を出すと、それを合図に大榊が出発。幸の鉾と稚児が従い、他の者は、中神門外で奉送する。

山王祭 山王祭は、日吉大社の例大祭で、五穀豊穣を祈る湖国屈指の大祭である。起源は、およそ1300年前、三輪明神が坂本に遷座したときに、村人が大榊を日吉に捧げたことにはじまる、と伝えられている。3月5日の神輿上げにはじまり、4月中旬まで1カ月にわたって繰り広げられるが、中心となるのは、4月12日から15日までの4日間の行事である。

12日に行なわれるのは、午の神事。牛尾山の原初的な地主信仰にもとづいて、奥宮八王子山の2基の神輿が、松明を先頭に急坂を担ぎ下ろされたのち、東本宮拝殿に安置される。翌13日には、烏帽子と鎧に身を固めた稚児や甲冑を身につけた武者らによって花笠が奉納される花渡り式が行なわれる。夜には、山王祭の中心行事ともいえる勇壮な宵宮落しが行なわれる。

宵宮落しは、松明の火に照らされた神社前の産屋で、4基の神輿を持ちあげて激しく振り落とすというもの。この神輿4基は、男神と女神に分かれ、その所作は、若宮誕生の産みの苦しみを表現している、という。次いで、振り落とされた神輿を西本宮まで競って担ぎ上げ、当夜の行事を終了する。

14日は、7基の神輿が山道を下り、下坂本の七本柳まで渡御。そこで、神輿は船に乗せられて船渡御となり、唐崎沖まで渡って御供を奉納する。その後、神輿船は比叡辻の若宮港に着き、神輿を日吉大社に戻して大祭を終える。

Ⅲ　営みの文化編　　**121**

15日には、まつりの終了を日吉の神に報告する酉の神事が営まれ、それをもって山王祭のすべての日程の終幕となるのである。

おこない祭

おこないとは、新年の国家安泰・五穀豊穣を願う行事。仏寺を中心に正月3日から7日ごろまでに行なわれる修正会と呼ばれる正月祈祷が起源、といわれる。近畿地方に多くみられ、とくに滋賀県では200カ所以上で行なわれている。その多くは、湖北と湖南に集中している。湖北では神社中心であるが、湖南では天台宗系寺院や仏堂を中心に行なわれている。

なかでも湖南にある浄照寺薬師堂（甲賀市）のそれは、「市原おこない祭」といわれ、もっとも旧式なおこないのかたちを伝えるものとして知られる。まつりのすべてはトウヤ（頭屋）と呼ばれる年番が担う。

おこない祭の参列者は男性にかぎられ、宮座を形成する。最上位に頼守（1年間堂の守りをしたもの）が座り、以下、法印、区長・長老などの順に席次が決められている。そして、おこないの特徴は、①鏡餅が三宝や祭段に置かれず、股木にくくりつけられ、仏前にその丸い面を正面にして掛ける「掛け餅」であること。②「日の餅」「月の餅」「花びら餅」など多様な呼び名を持つ餅飾りやドンガラ（セコと呼ばれる藁束にそば殻を混ぜたものにダイコンやイモの切片に顔やサイコロを書いて刺したもの）がみられること。③行事のなかで法印が「ダイジョウ」と声を立てると、参列者が籐の棒で床や縁を激しく叩く所作があること。④「牛王宝印」（御札）が授与され、それを参列者の額にすりつけて無病息災を祈願すること、などである。さらに、男女の性器を表わす呪具を用いることから、子孫繁栄の象徴としての和合を予祝する意味もある、とする。

一方、同じ湖南でも、勝部神社（守山市）のおこない祭は、奇祭と称される火まつりである。

元旦の餅上げの神事にはじまり、3日には若者たちによるハシバミの木（松明用）の伐り出しが行なわれ、4日・5日両日、松明11本がつくられる。まつり当日の8日まで関係者は潔斎を続ける。8日の夕方になると、一番鉦を合図に褌姿の若者たちによって大松明が社前に運びこまれる。夜に入って、二番鉦で各自2尺（約60センチ）ほどの宗旨棒（牛王という）を手にして神前に参拝し、行事の無事を祈る。三番鉦が鳴ると、社前で大松明が並べられる。神前の灯火から小松明に移された火が火取役に授けられ、

これで大松明に点火される。猛烈な火勢とともに木のはぜる音がとどろくなかで、氏子たちは狂気のように鉦や鼓を打って、「ヘイヨー、ヘイヨー」と連呼して踊りまわる。大松明は、いずれもハシバミの木に青竹やマツの割木を縛りつけ、縄を巻き、頭部には菜種殻を挿しこんで長さは2間（約3.6メートル）ほど。大蛇のかたちにもみえる。これを焼くのは、悪霊を追い払う意味をもっている。

近江八幡左義長

3月半ばに行なわれる八幡神社のまつり。本来は、トンド焼を中心とした火まつりであったようだが、現在は曳山の行事と結びついて伝わる。ここで左義長と呼ぶ、特殊な担ぎものを担いで町内を巡ることが中心となっている。

左義長は、山車の上に笹竹を立て、その枝に赤・青などの色紙を下げる。さらに、つくりものを置く。つくりものは、各町の面子をかけて意匠を凝らし、制作されたもの。それを、氏子たちが各町内から出して担ぎ回るのである。

左義長の担い手は、踊子と呼ばれ、揃いの半纏を羽織る。だが、かつては、女物の長襦袢を着て化粧をするなど変装して参加する者も少なくなかった。これには諸説あるが、織田信長が自らの正体を隠すために仮装で参加したことに由来する、ともいう。

踊子は、口々に「チョウヤレ、チョウヤレ」「マッセ、マッセ」と声を発する。前者は「左義長さしあげ」、後者は「左義長めしませ」からこのような掛声になったと思われる。

左義長は、町内を巡った後、八幡神社の境内で順次奉火される。そのまわりで各町内の者が踊り騒ぐ。最後の左義長が燃えるまで、まつりは続く。

なお、全国的には小正月のトンド焼きを左義長といっているところが多い。近江八幡でも江戸時代には1月14日・15日に行なわれていたようであるが、明治以降、太陽暦の採用にともなって3月に変更され、昭和40年代からは3月14日・15日に近い土曜日・日曜日に開催されるようになった。近江八幡に春の訪れを告げるまつり、とされている。

上丹生曳山茶碗祭

4年ごとの4月3日に行なわれる丹生神社（長浜市）のまつり。まつりの練りものとして山車（曳山）が出るが、その台上に載せる人形を茶碗や皿などの陶磁器でこしらえたことから、「茶碗祭」と呼ばれている。

Ⅲ　営みの文化編　123

昔、上丹生と下丹生の境近くにある末遠で良質の陶土が産出し、その土でつくった陶器を丹生神社に奉納したのがまつりの由来、と伝わる。

　茶碗などで飾りつけられた高さ十数メートルの曳山渡御を中心に、神輿や舞、しゃぎり（囃子）などを、子どもから大人まで村中が一体となって奉納する。まつりの華は、なんといっても陶磁器を絶妙のバランスで積み上げた曳山の山飾りであろう。

　その山飾りには、基本のパターンがある。一番下に人形（下人形）を設置し、その上に、歌舞伎や浄瑠璃、神話、民話などをモチーフにして陶磁器を巧みに組み合わせ重ね合わせていく。最後に、一番上に下人形とは違う人形（宙人形）を置く。その宙人形は、高く飛翔しているようにもみえる。それは、わざと重心が偏っているようにもつくられている。しかし、支えをはずしても倒れた前例はなく、そのあたりが職人技の真骨頂ともいえる。その作り方は、数人の限られた伝承者以外には門外不出の秘伝となっている、という。

　なお、かつては3年に一度行なわれていたが、近年は4年に一度となり、ここ数年は人手不足などが原因でさらに間隔が開くようになった。最近では平成21（2009）年に開催されたが、それが6年ぶりの開催であった、という。

多賀大社古例祭

　鎌倉時代の古記録にも残る多賀大社（犬上郡）の由緒ある春まつり。豊作を祈念して、毎年4月22日に行なわれる。「多賀まつり」、あるいは、騎馬の供奉が行なわれることから「馬まつり」ともいわれる。

　まずは、年明けの1月3日に、まつりの主役である馬頭人、御使殿の査定式（認承式）が行なわれる。4月になると、まつり当日までに、馬頭人・御使殿ともに神を迎え入れる「御神入式」、神に供物を献じる「大御供式」、宵宮祭などを行なう。

　当日は、朝8時半から祭典を斎行し、10時には列を整えて「お渡り」が出発する。その行列は、馬頭人、御使殿を中心に、氏子や崇敬者の騎馬供奉が四十数頭、神輿や鳳輦の供奉者など500名にも及ぶ。行列は、はじめに栗栖の調宮に向かうが、馬頭人と御使殿は、別に犬上川の下流に向かい、賓台と呼ばれる河原において「御幣合わせ」の儀式を行なった後、午後2時ごろに本社前で行列に合流。尼子の打籠馬場において「富ノ木渡し」と

いう儀式を行なう。その後、揃って本社に出発。これが「本渡り」と呼ばれるもので、まつり最大の見どころである。

午後5時ごろには、宮司以下神職、まつりの関係者全員が本殿を3周する「夕日の神事」が行なわれ、大祭が終了する。

なお、9月9日重陽の節供にも古例祭が行なわれる。9月の古例祭は、秋まつりで、神事角力が奉納される。古知古知角力という。伊吹山の八岐大蛇を退治したという故事にちなんで行なわれるようになったもので、中河原村（現・犬上郡）と高宮村（現・彦根市）の2村の児童によって相撲が行なわれるようになった。現在は、氏子の青年たちによって3番勝負が行なわれ、それによって、農作物の豊凶が占われる。

唐崎みたらし祭

唐崎神社（大津市）で、7月28日・29日に行なわれる夏越の行事である。茅の輪くぐりや湯立神楽で禊祓いをして、健康を祈願する。琵琶湖上での焚上げ、手筒花火の奉納などもある。

茅の輪くぐりは、茅のもつある種の霊力を借りて、祓いをはかるというもの。自らの穢を移した人形と葦を持ち、3回茅の輪をくぐる。葦は、「悪し」から「良し」にかえるために持つ、といわれている。

湯立神楽では、神官が笹の葉で散らす湯を浴びて無病息災を祈る。

なお、唐崎神社の境内は、奉納された約500もの堤灯で明るく照らされている。また、屋台が並んで賑わいをみせる。

ハレの日の食事

滋賀県の郷土料理の代表は、ふなずしである。琵琶湖周辺でつくられ、現存する熟ずしのなかでは、もっともふるい形態とされる。卵巣をもったニゴロブナの内臓を取り除いてから塩漬けし、さらに桶に飯と塩漬けのフナを交互に何層にも並べて漬け込む。約3カ月～1年以上かけて発酵させたものを、薄く切って食べる。ふなずしは、神饌としても供えられる。かつては、正月料理であったが、近年は、ふだんも酒の肴、お茶漬などで食されている。

彦根地方では、正月に打ち豆雑煮が食される。打ち豆とは、ふやかした大豆を槌で打ちつぶして練ったもので、これに小餅やサトイモ・ニンジンなどを加えて上乗せとする雑煮である。

Ⅲ　営みの文化編　　**125**

寺社信仰

比叡山延暦寺

寺社信仰の特色

滋賀県は琵琶湖（淡海）の恵みで発展し、昔は近江（淡海）国とよばれ、667年には大津宮が、742年には紫香楽宮が置かれた要地である。大津宮跡には天智天皇を祀る近江神宮が1940年に創祀されている。

近江は宗教的な要地でもあり、最澄が大津市に開いた天台宗総本山の比叡山延暦寺は、円仁・円珍・良源・源信・良忍・法然・栄西・道元・親鸞・日蓮など数多の名僧を輩出し、日本の仏教文化を大きく発展させた。今も十二年籠山行や千日回峰行の厳しい修行が続けられ、日本三大霊場の一つで、ユネスコの世界文化遺産ともなっている。

日本全国の日枝／山王／日吉社の総本社である日吉大社も大津市にあり、古く日枝山と称された比叡山の神を祀る。最澄は延暦寺創建の際、日枝山の神を守護神と崇め、中国の天台山に倣って山王権現と称したという。同じ大津市坂本には天台真盛宗の総本山である西教寺もある。

日本三名鐘の一つ三井の晩鐘で知られる西国14園城寺も比叡山麓にある。天台寺門宗の総本山、本山派修験道の根本道場と崇められ、円珍が感得した黄不動は日本三不動の筆頭として名高い。

比叡山の北に連なる比良山の神は比良明神とされ、高島市の白鬚神社に祀られた。同社は白髭／白鬚／白鬍社の総本社とされている。

現在、県内で最も多くの参拝を集めるのは多賀町の多賀大社とされる。全国の多賀社の総本社で、伊勢神宮との両参りの信仰も集めた。

近江一宮は大津市の建部大社である。近江三宮の多賀大社、同二宮の日吉大社に比べて知名度は低いが、その鎮座地は国府と第2次国分寺（瀬田廃寺）が所在した近江の要衝である。

県北では日本三大山車祭の一つ〈長浜曳山祭の曳山行事〉†で有名な長浜市の長浜八幡宮が参拝を集めている。曳山の上では日本三大子供歌舞伎の一つ〈長浜曳山狂言〉‡も披露される。

凡例　†：国指定の重要無形／有形民俗文化財、‡：登録有形民俗文化財と記録作成等の措置を講ずべき無形の民俗文化財。また巡礼の霊場（札所）となっている場合は算用数字を用いて略記した

主な寺社信仰

丹生神社（にゅう）　長浜市余呉町上丹生（ながはま　よごちょうかみにゅう）。高時川（丹生川）の東岸に鎮座。一帯は丹朱や陶土を産したと伝え、下流には下社とよばれる丹生神社がある。昔、丹生真人（にゅうのまひと）が当地を領した際、丹保野山に神籬（ひもろぎ）を設けて山土と川水を奉じ、天津神（あまつかみ）を勧請したのが始まりで、後に現在地へ社殿を創建したと伝える。東岳山中林寺が神宮寺で、丹生大明神天神白山両宮を祀り、丹生荘の総社と崇められた。今は丹津比売命（にうつひめのみこと）と弥津波能売命（みづはのめのみこと）を祀っている。例祭は4月3日で、昔は〈上丹生の曳山茶碗祭〉が4月2日・3日に営まれたが、人寄りの都合で5月4日に変更された。祭は陶工の末遠春長（えんとうはるなが）が茶碗を奉納したのが始まりという。歌舞伎の場面を再現した陶器の人形飾りが高さ10mに組み上げられ、揺れながら絶妙に直立する様が観衆を驚かせる。

飯開神社（いひらき）　長浜市湖北町延勝寺（こほくちょうえんしょうじ）。館の跡地に鎮座。土塁に囲まれた方形の曲輪が3つ連なる縄張りが残る。宇賀魂神（うがのみたまのかみ）を祀る。昔は琵琶湖中のオコノ州に鎮座していたが、992年の大洪水で社が流出、州も消滅し、神体（しんたい）は当地の浜に漂着したのを、夢告（むこく）で現在地に奉斎（ほうさい）したと伝える。都宇郷（朝日の郷）の総社と崇められ、1405年銘の神輿（国重文）が残る。小谷城主浅井家（おだに）3代の崇敬篤く、長政は1570年に大刀と躑躅胴鼓（つつじどう）を寄進した。例祭は4月6日で、1月3日には三節句の一つとして御管（おくだ）行事を営む。2月12日には高さ2m、重さ30kgもの巨大な注連縄飾り（しめなわ）をつくって奉納するオコナイが行われる。飾りはエビ縄とよばれ、手刈りした長い稲穂を編んでつくり、約30kgの鏡餅とともに当屋から社参して奉納し、五穀豊穣を祈る。8月15日に行われていた〈延勝寺の太鼓踊り〉も戦前はオコナイに奉納されていた。

興聖寺（こうしょうじ）　高島市朽木岩瀬（たかしま　くつきいわせ）。安曇川中流西岸に建つ。曹洞宗。高巌山（こうしょうじ）と号す。1240年、近江守護の佐々木信綱（のぶつな）が道元の勧めで対岸の指月谷（しげつだに）に創建し、道元が住する伏見深草の興聖寺（こうしょうじ）から名を得たという。永く永平寺の直末で曹洞宗第3の古道場と称された。信綱の曾孫が称した朽木氏（くつき）の菩提所でもある。1729年に現在地へ移転した。国名勝の旧秀隣寺庭園（きじし）がある。朽木は木地師の里として知られ、安曇川（あどがわ）と麻生川（あそ）の合流する朽木野尻には〈朽木の木地屋用具と製品〉を展示する朽木資料館がある。

Ⅲ　営みの文化編　　**127**

麻生川上流の木地山は昔は轆轤村とよばれていた。愛知郡蛭谷村（滋賀県東近江市蛭谷町）から木地師らが移住し、当地の良質な橡や山毛欅を材として、轆轤を用いて成型し、丸物とよばれる木地物（木製の椀・丸膳・盆・銚子・鉢など）を生産した。岩瀬には漆職人の塗師が住んでいた。

天孫神社

大津市京町。古くより琵琶湖水運の拠点として発展し、近世には東海道の宿場町として大いに繁栄した近江大津の総鎮守。桓武天皇が近江大津宮行幸の際、湖南鎮護の神として創祀したと伝える。海南神や四宮大明神と崇められ、近江四宮とも称された。現在は彦火々出見命・大名牟遅命・国常立命・帯中津日子命の4神を祀っている。1586年、豊臣秀吉の命で浅野長政が大津城を築くと、城下町の鎮護神・産土神として町衆より崇敬された。10月の例祭には旧町内が〈大津祭の曳山行事〉†を営む。昔は狸踊のみであったのが、1622年に腹鼓を打つ狸の絡繰を昇屋台に載せ、1635年に地車を付して曳屋台とし、1638年に京都祇園祭の山鉾を参考に3輪車の曳山をつくって巡行したという。今は13基の曳山が市街を巡行し、所望と称して絡繰人形の操りや粽撒きを行っている。

岡神社

米原市間田。伊吹山の南西麓に鎮座。皇産霊大神を祀り、大原郷18村の氏神と崇められた。姉川に出雲井の堰を築いて当地を拓いた出雲国人が、原野を見渡せる岡山に大梵天皇神を祀ったのが始まりという。後に廃れたが、1248年、大原郷を領した佐々木（大原）重綱が復興したと伝える。出雲井は重綱の命で出雲善兵衛が築いたともいう。弥高寺末の松林坊が別当寺を勤め、朝日村の観音寺の僧が祭祀を司った。弥高寺と観音寺は長尾寺・太平寺とともに伊吹山四大護国寺と称された。当地はたびたび渇水に悩まされ、昔は干ばつの際、朝日の八幡神社とともに雨乞い踊が奉納されていたが、今は伝統文化保存のため毎年10月に〈朝日豊年太鼓踊〉‡として八幡神社でのみ行われている。褄折笠に襦袢と緋籠手、縞の軽桟袴を着した踊り子が、胸の太鼓を打ちながら美しく踊る。

日吉神社

甲良町北落。犬上川流域の左岸扇状地に鎮座。北落の氏神で、大山咋神（日吉山王権現）と宇多天皇（近江源氏佐々木氏祖）を祀る。例祭は4月15日と10月15日。おはな堂と称する末社が境内にあり、8月21日夜には〈おはな踊〉‡が奉納される。薄紅の造花を

付けた長さ2mの竹籤16本と「雨乞御礼」の幟を立てた母衣を背中に着け、太鼓を胸に抱えたカンコ打ちの若者が華麗に舞い、その周りでは、浴衣に襷をして花笠を被った子どもと、白襦袢を着て菅笠を被った大人が踊る。子どもは竹筒の中に小豆を入れた綾竹を振りながら踊る。昔は日照りが続くと東近江市君ヶ畑町の鈴ヶ岳・御池岳に登って八大竜王に雨乞いの願掛けをし、降雨を貰うと御礼の踊を奉納した。戦争と1946年の犬上ダム完成で踊は途絶えたが、1959年に青年団が御花（波奈）様への奉納踊として復活させた。

宝満寺　愛荘町愛知川。中山道の愛知川宿に建ち、負別山と号す。本尊は阿弥陀如来。真宗大谷派で、豊満氏が住職を務める。知徳が開創した大国寺が始まりと伝え、後に大国荘の豊満大社（御旗様）の別当寺となり豊満寺と称したが、1212年に親鸞が逗留した際に住職が帰依して改宗し、1372年に現称に改めたという。郡内屈指の大寺で、1752年から続く蓮如上人御影道中の行事では上洛（帰路）の定宿となっており、5月7日の晩には中山道に面した家々が提灯を点す。寺宝の〈紙本著色熊野観心十界曼荼羅図〉1幅は、もと町内にあった仙峯山善法寺（石部神社神宮寺）の什物で、当地で蚊帳太物商を営んでいた塚本貞治郎が1937年に当寺に寄贈したものである。8月14～16日の盆には釈迦涅槃図とともに公開されている。

中野神社　東近江市東中野町。最澄が八日市に赤神山成願寺（太郎坊宮）を創建した際、守護神として滋賀郡坂本村の大比叡神社から二宮十禅師を勧請して祀ったのが始まりという。山王十禅師大権現と称され、中野村の地主神と崇められた。1468年には十輪山南福寺が開基され、別当寺の役割を果たした。1868年に現称とし、主祭神に大山咋神、配祀神に白山比売命と事代主神を祀った。例祭は4月4日。社宝として1882年の大凧揚の様子を描いた額が伝わっている。縦横とも長さ11間（畳242枚分の大きさ）の大凧は重さ1tを超えていたと推定されている。中野・芝原・金屋の3地区では18世紀から男児の初節供を祝って凧が揚げられていたが、19世紀には〈近江八日市の大凧揚げ習俗〉‡が始まったとされる。市内には世界各地の凧を展示する世界凧博物館東近江大凧会館もある。

Ⅲ　営みの文化編　129

金剛定寺
（こんごうちょうじ）

日野町中山。天台宗。龍護西中山と号す。本尊は十一面観音。近江33-25。聖徳太子創建本朝四十八箇精舎の一つと伝える。東大寺の実忠（または明一）が鑑真請来の仏舎利を納めて東大寺別院となし、二月堂の修二会（御水取）をうつして四月堂で修四会を始め、大法城を築いたという。空海も請雨経を修した時の仏舎利を納めたと伝え、両仏舎利を寺内の龍池に浮かべると雨が降るという。後に東蔵坊了春（または浄行）が紀伊国熊野三所権現を勧請したのが、隣接する熊野神社である。同社では東谷と西谷の宮座が9月1日に、中山で古くから栽培されてきた里芋の一種、唐ノ芋の長さを競う〈近江中山の芋競べ祭り〉†が行われている。若者が孟宗竹に飾った芋を担いで両谷の境にある野神山へと登り、野神神社に芋を奉納し、根元から葉先までの長さを競う奇祭である。

御上神社
（みかみじんじゃ）

野洲市三上。近江富士こと三上山の西麓に鎮座。日本鍛冶の祖神である天之御影命を祀る。野洲郡は古くは安国の中心で、安国造の一族が祭祀したと考えられ、山麓からは銅鐸が24個も出土している。後に藤原不比等が遥拝所であった椋木原（現在地）に社殿を造営したと伝え、藤原秀郷（俵藤太）は当山の大百足を退治して龍神一族を助けたという。名神大社で、近江三宮と崇められた。14世紀頃の建立とされる本殿は、神社・寺院・殿舎の様式を混合させたような独特の構造で、国宝に指定されている。例祭は5月14日で、10月14日には秋季古例祭として〈三上のずいき祭〉†が営まれる。3つの宮座が種芋から2年がかりで栽培した晩生里芋の葉柄（芋茎）で5基の神輿をつくって奉納し、併せて芝原式として子ども相撲を奉納するもので、古くは若宮殿相撲御神事と称された。

油日神社
（あぶらひじんじゃ）

甲賀市甲賀町油日。柚川の上流、油日岳の西麓に鎮座。油日大神を祀る。岳の頂には大神の荒魂と岡象女神を祀る岳神社があり、往古は通山大明神や正一位油日大明神と称され、無双の勝軍神と崇められた。甲賀武士53家の総氏神で、中世には甲賀の総社とされ、15〜16世紀に建てられた本殿や拝殿は国重文である。9月11日には岳籠りがあり、氏子らが油日岳に登り、舞錐で神火を熾して籠る。9月13日には大宮籠り（万燈講）があり、油を注いだ土器約1,000枚に神火を点し、拝殿周囲に並べる。例祭は5月1日で、5年ごとに古式祭として

奴振りが加わる。昔は干天時に雨乞い祈願の〈油日の太鼓踊〉‡も奉納された。甲賀地方は良材の産地で、既に8世紀には官営の杣山が置かれ、日本林業発祥の地とも称される。市内には〈近江甲賀の前挽鋸製造用具及び製品〉†も伝承されている。

老杉神社

草津市下笠町。琵琶湖の南東岸を走る浜街道沿いに鎮座。南西には下笠城があった。素盞鳴命・櫛稲田姫命・八王子命を祀る。往古は下笠天王、正一位牛頭大明神と崇められ、1869年に現称とした。素盞鳴命が出雲国から諸国を巡り経て、下笠に広がる森の大杉に降臨し、それを東西一郡の守護神として祀ったのが始まりと伝える。1452年に下笠美濃守高賀が建立した本殿は国重文となっている。2月10～15日にエトエト祭と称するオコナイがあり、8宮座が輪番で、蛇縄や御供・銀葉・メスシなどからなる豪華な古式神饌を奉納する。5月3日の例祭には〈草津のサンヤレ踊り〉‡が奉納される。16～17世紀に全国的に流行した風流囃物を、市内の矢倉や志那とともに今に伝えるもので、鼓を先頭に大小太鼓・鉦・ササラ・笛・音頭の一行が、境内各社に稚児踊や大宮踊を奉納する。

伝統工芸

彦根仏壇

地域の特性

　滋賀県には、日本最大の湖、琵琶湖（面積約670km²）がある。県の面積の6分の1ほど。水深が深い所で約100mある。通常、湖は土砂が堆積し、約1万年で消滅するが、琵琶湖は、地殻変動で形成された盆地に水が溜まってから10万年以上経過している。北は伊吹山地、東に鈴鹿山脈、南に信楽高原、西は比良山地に囲まれている。最高峰は伊吹山（標高1377m）である。水は周囲の山地から120以上の川に集まって流入し、近畿地方約1400万人の水源となり、南端の瀬田川から流出し、大阪湾に注いでいる。湖の周囲は平地だが、東側が広く西側は比良山地が迫っている。

　古代は淡海国と呼ばれ、都に近く渡来人も来住した。788（延暦7）年に最澄が比叡山に延暦寺を開いた。後に、延暦寺は、本願寺の蓮如（一向宗）と抗争する。平安時代、紫式部が大津の石山寺に参篭して『源氏物語』を書いたといわれている。源平時代の佐々木氏、戦国時代の浅井氏、織田信長、羽柴秀吉らの合戦の舞台となり、蒲生氏郷ら武将や甲賀の忍者などが活動した。江戸時代は、大藩である彦根藩と、膳所藩や水口藩などの小藩、天領などが混在した。商工業が鎌倉時代から徐々に発達し、江戸時代には近江商人が力を発揮し、今日の大企業の祖となるなど現代に影響を及ぼした。近江上布の普及をはかり、伝統工芸の発展にもかかわった。

伝統工芸の特徴とその由来

　740（天平12）年、九州の藤原広嗣の乱が平定された後、聖武天皇は恭仁京（現在の京都府木津川市）に移り、2年後に近江国甲賀郡に紫香楽宮を造営した。このとき、布目瓦を焼いたのが「信楽焼」の始まりとされている。大津市の膳所焼は、地元にあった勢田焼をもとに、膳所藩主が小堀遠州の教えを受け、藩窯として茶入などを焼かせた歴史をもつ。彦根藩は、湖東

焼を藩窯としたが、明治時代に途絶え、近年復活事業が立ち上げられた。

　彦根の城下町には、戦国時代に武具をつくっていた職人が、江戸時代に仏壇製造を行うようになり、軒を並べた七曲りという町筋が残されている。「彦根仏壇」は大型の金仏壇をつくる高い技術を有する。

　琵琶湖の東側の平地には、愛知川、能登川が流れ、琵琶湖の霧の発生もあり、湿度が高くアサの栽培に適している。古くから大麻の栽培が盛んであったこの地に京から技術が入り、近江商人によって広まり、洗練されて受け継がれた伝統工芸が「近江上布」である。賤ヶ岳の麓の木之本町で育てられる蚕は、三味線の絃などの「楽器糸」に用いられている。京都や大阪に近く、水に恵まれたこの地に適した伝統工芸である。

知っておきたい主な伝統工芸品

近江上布（愛知郡愛荘町）

伝統工芸の「近江上布」は、さらりとした感触で、涼しげな夏向きの上品な布地である。最高級の夏着尺として愛され、今や貴重品となっている。一方、地域ブランドの麻織物「近江の麻」「近江ちぢみ」は、麻の風合いと涼感が好評で、服地やネクタイ、タペストリーやのれん、テーブルセンターやポーチなど各種製品の素材として活用されている。

　近江には、上布の製造に欠かせない水がある。山に降る雨が地下に浸み込み、時を経て湧き水となり、川に集まり、琵琶湖に注ぐ。愛知川が中山道と交差する、標高100〜120m付近の扇状地の湧水がみられる辺りに、麻織物の仕上げ加工場が多く建てられた。反物の風合いを整え、きれいに仕上げるために必要な大量の水を、鈴鹿山脈の豊富な湧水から得ている。近江には、さまざまな風合いに合わせて行う加工の技法や、でんぷんやこんにゃく糊などによる糸の糊付けの技術など、上質な麻布の生産に対応できる技術と経験が蓄積されてきた。

　鎌倉時代に始まったとされる麻織物は、江戸時代に彦根藩の保護により発展した。享保年間（1716〜36年）頃から、奈良晒の影響で始められたとされる麻織物「高宮布」を、農家の副業から越後縮と並ぶほどの上布に向上させた。染織技術が進歩し、独特の絣模様のある、高級な麻織物となった。通気性と吸湿性、吸水性に優れ、使うほどに味わいが出てくる。中山道 高宮宿は上布の集積地となった。明治時代以降は、繊維業界の近代化に

Ⅲ　営みの文化編　　133

より、麻布の産業構造も変化し、高宮での生産は途絶え、生産拠点が現在の愛荘町や東近江市に移った。技術革新、組合の結成などを経て、1977（昭和52）年、絣と生平が「近江上布」として国の伝統的工芸品に指定された。

信楽焼（甲賀市）

編み笠を被り、右手に徳利、左手に通帳をもったタヌキのやきものをどこかで目にしたことがあるだろう。縁起物で、「他を抜く」という洒落と商売繁盛を願って店先に置かれているが、信楽焼の代名詞にもなっている。信楽駅前には5m余りの狸像があり、耐火性に富み、大物づくりにも適した良質の粘土はこの地で採掘されている。木節・蛙目・実土などの土の原料を粉砕混合し、水分とともによく練った陶土を轆轤などで成形し、乾燥させた後、素焼き・施釉し、1200℃の窯で焼き上げる。登り窯・穴窯焼成で、土中の鉄分が赤く発色する火色や、灰被りの現象による自然降灰の付着、薪の灰による黒褐色の焦げの三つの要素が特徴で、「わび・さび」に通じる素朴な土味を活かした製品がつくられている。日本六古窯の一つだ。

745（天平17）年、聖武天皇が紫香楽宮を造営したとき布目瓦を焼いたのが発祥とされる。宮は短期間で荒廃したが、やきものの技術は残された。鎌倉時代のものと思われるのは、百済寺五重塔の心礎から出土した、舎利容器を納めてあった檜垣文壺などが残されているためである。室町時代以前の信楽焼は壺、甕、すり鉢など日用雑器が主だったが、桃山時代以降は、その素朴な肌合いが茶人に愛好されるようになり、利休信楽、遠州信楽、仁清信楽など信楽の名を冠した多くの茶陶が出現した。江戸時代は将軍家に献上する御茶壺道中で、茶葉が湿らず、香気も失せない茶壺としても用いられた。また人がうずくまった姿に似ているところから茶人に名付けられた「蹲」は、元は種壺だったが、茶席の花入れなどに用いられた。肩回りには檜垣文（2本の平行線の間にバツ印）が刻まれているのが信楽焼の特徴だ。これは単なる装飾ではなく、無病息災や魔よけ的な意味のある文様ともいわれている。

明治時代以降は火鉢が生産され、全国シェアの8割まで占めるほどだった。その後現代に至るまで、時代の変化に合わせ日用陶器のほかに、建築用タイル、陶板、庭園陶器、傘立てなど大物から小物までさまざまなものがつくられている。

膳所焼（大津市）

膳所焼を代表する茶入「大江」は、小堀遠州が窯のあった地名をとり名付けたといわれ、掌にのる小さな壺には、柿釉に光沢のある黒釉がたれている。膳所焼は、茶碗、茶入、水指、建水、花入、菓子鉢、蓋置、香合など、絵付けも姿も端正な品格のある落ち着いた茶道具が主であるが、そのほかに、湯のみやぐい呑、飯碗や皿など暮らしの器もつくられている。

膳所焼は、江戸時代初期に大名で茶人の小堀遠州（1579〜1647年）が指導した窯元として知られてきたが、膳所焼となる前に、勢田焼と呼ばれた歴史があり、勢田焼の名称は、元和年間（1615〜24年）の茶会記などに記されている。膳所焼の中には国分窯、大江窯などもあり、幕末には、梅林焼や雀ヶ谷焼と呼ばれる窯もある。その後大正時代に再興され膳所焼を含め、関連のある窯の総称が膳所焼とされている。

膳所焼は、寛永年間（1624〜44年）、膳所藩主石川忠総の時代に、藩窯として茶壺や茶入、水指などの茶陶が焼かれたが、藩主の国替えにより短期間で終わった。1919（大正8）年、膳所の岩崎健三が、名窯の廃絶を惜しみ日本画家山元春挙とともに再興した。岩崎家には、膳所焼美術館があり、同家が所有してきた江戸時代以来の古膳所焼や、滋賀県の古陶磁、茶道具類が公開されている。敷地内には庭園と茶室があり、窯元に隣接している。

長村梵鐘（東近江市）

長村梵鐘の特徴は、音づくりにある。いかに人々の心に響くような妙音の鳴る梵鐘をつくるかを探求してきた。梵は梵語（サンスクリット）でBrahma「清浄」を意味し、梵鐘は清浄する鐘の意味であるようだ。平家物語の冒頭では「祇園精舎の鐘の音、諸行無常の響きあり」と表現され、吉田兼好の『徒然草』では「凡そ、鐘の声は黄鐘調なるべし」と述べられている。正岡子規は、「柿くへば鐘が鳴るなり法隆寺」と聞いた。子どもたちは、「夕焼け小焼けで日が暮れて、山のお寺の鐘がなる」と歌った。梵鐘を大晦日の深夜に寺で撞く「除夜の鐘」は、年末の風物詩の一つである。

寺の鐘楼に吊り下げられる梵鐘は、大小あるが、口径約1.3m、高さ約2mで、重さ約3トンなどの作成例がある。上部には竜頭と呼ばれる吊り手があり、鐘身には半球形の突起や銘文などの装飾や撞座がつけられている鋳物である。長村梵鐘は、惣型法でつくられる。外型と中子の二つの鋳型をつくり、二つを重ね合わせたときにできる隙間に銅と錫を1000℃以上

Ⅲ　営みの文化編　135

の高熱で溶かして流し込み、冷えた後に型を壊して取り出す。伝統的な鋳物の技法であるが、総重量が3トンにもなる精巧な大物を、妙音で鳴るようにつくることは至難の技である。

長村では、鋳型をつくる「真土」は陶土を水で溶いたものであり、大量に必要である。長村のある湖東地域は、かつて瓦業も盛んで、陶土があり、鋳物師の村として知られてきた。隣町の東漸寺に、南北朝時代に長村鋳物師が鋳造した梵鐘がある。

彦根仏壇 (彦根市)

彦根仏壇の本領は、仏間に燦然と輝く大型の金仏壇にある。吟味した素材に工部七職の技術を注ぎ込む。ヒノキやケヤキの材を臍組に仕立てる。宮殿は寺院の屋根を模した精巧な構造とする。欄間などの彫刻や錺金具は技の見せ所である。漆塗りは均一に、蒔絵は高蒔絵や青貝を用いる高度な技法、いずれも熟練を要する。特に木目出し塗は、上質な木地を活かす彦根独特の手法である。仏壇1本に1000枚といわれる金箔を押す。整えられた部材は、最後に組み立てられ、錺金具が置かれ打ち上げられる。近年では、住宅事情に合わせた小型の仏壇もつくられている。

彦根の城下町には、中山道から彦根城下に通じる道にいくつも曲がり角をつくり、敵の城への接近を遅らせるように整備した「七曲がり」と呼ばれる道筋がある。この道筋に戦国時代に武器や武具をつくっていた職人が、仏壇や仏具づくりに転じて暮らしを立てたことから、彦根の仏壇街が誕生した。彦根藩がキリシタン禁止政策の一つとして、仏壇の所有を奨励したこともあり、江戸時代後期には工部七職といわれる分業制度が確立し、地場産業として定着した。

臍組でつくられた彦根仏壇は、「お洗濯」と呼ばれる分解修理が可能である。高価な仏壇は、修理をして世代を超えて受け継がれる。仏壇を置き場所に合わせて小型につくり変えることや、仏壇の一部を額装にして思い出をつなぐなど、自在なリメイクが可能なのも、工部の技術の蓄積によるものである。

楽器糸 (長浜市)

賤ヶ岳の雪解け水の流れる木之本町で、クワの新芽を食べて育つ蚕の春繭で生糸がつくられている。この生糸を用いてつくる邦楽器用の絃が、楽器糸である。主に三味線用の絃がつくられるが、その用途に応じて長唄、常磐津、津軽、義太夫など細かく

分かれている。琴や琵琶、胡弓や二胡など、その種類は400もあるという。

木之本町の生糸を「小枠」に巻き替え、一定の長さで結ぶ。結び合わせた糸は、5本程度合わせて1本に「合糸」する。さらに1本に撚り合わせる糸の量を「目方合わせ」で決定する。重さで揃えた糸を数十〜数百本合わせて撚りをかける。太さにより撚る回数が異なる。次は「染色・糊煮込み」である。三味線の糸はウコンで黄色に染める。染色後、餅糊で煮込み、糸を固め、引っ張りながら柱にかけ自然乾燥させる。糸に残った節を削り取り、糊に浸して表面をコーティングし、乾燥させる。仕上げは定められた寸法に糸を切断し、竹製の筒に巻き取って筒を抜き取り、紙で巻き留める。

楽器糸づくりは平安時代に始まったとされ、大坂や京都など芸能が盛んな地域に生産の拠点があったというが、現在では全国で7社となり、そのうち4社は滋賀県内にある。

愛知川びん細工手まり（愛知郡愛荘町）

愛知川びん細工手まりは、口のすぼまった球形のガラスの中に、刺繍で彩られた手まりがすっぽりと収まっている不思議な伝統工芸である。瓶の口は、和紙が被せられ紐で結わえられている。刺繍の図柄や色はさまざまで、埃に触れることがなくいつまでも美しく観賞することができる。丸い瓶の中のためよく見えるまりなので、「丸くなかよく」見える「縁起物」として、結婚や新築の祝いの品や土産品として喜ばれている。

そのつくり方は、「どうやってまりを瓶に入れたのか？」という不思議に思うところに面白みがあるので、講習会など特別な機会を通じて公開されることとされている。

愛知川びん細工手まりの起源ははっきりとはわからないが、江戸時代末期に、長野村（現在の愛荘町長野）の藤居弥三郎の妻・市橋つねの嫁入り道具にびん細工手まりがあったといわれている。つねは、多賀を本拠とする近江商人市橋喜平の妹であったが、現在多賀町にはびん細工手まりの技術は伝わっていない。

明治時代には、勝光寺（愛荘町沓掛）や信光寺（愛荘町東円堂）の裁縫塾でびん細工手まりのつくり方が教えられていた。勝光寺において青木ひろ（1887〜1973年）にまで伝えられ、そこで途絶えた。1973（昭和48）年、新聞記者の提案をきっかけに、技法の復元と伝承が行われ、現在に至っている。

Ⅲ　営みの文化編　　137

民 話

地域の特徴

　古くは「近江」と呼ばれた滋賀県は、真ん中に県の6分の1の面積をもつ日本一の淡水湖・琵琶湖を擁し、周囲を西に比良・野坂、東は鈴鹿・伊吹の山地が取り囲む。気候は南部と北部で違いがあり、特に冬、湖南は内陸性気候で比較的温暖だが、湖西・湖東の北部や湖北は積雪が多い。

　古代には朝鮮半島や大陸と深いつながりをもち、多くの渡来人が訪れた。また、天智天皇が大津に都を置くなど、古くから開発が進み中央の政治ともかかわりが強かった。経済・文化の面でも日本の東西をつなぐ重要な役割を果たし、仏教の聖地・比叡山延暦寺や多賀大社をはじめ、長い歴史と伝統をもつ神社仏閣は枚挙にいとまがない。戦国時代には信長・秀吉など名立たる武将たちが近江の各地に城を築き、そして何度も戦の場となった。さらに琵琶湖とその周辺は早くから交通・流通の要とされ、江戸時代には東海道・中山道が整備された。近江商人は全国に影響力を及ぼし、近代になると近江商人気質は活躍の舞台を世界にまで広げたのである。

　農業や漁業を主とした庶民の間では、湖南・湖西・湖東・湖北それぞれに独特の生活文化を保ち、戦後多くの工場がつくられ生活様態が大きく変化してからも、民俗行事や祭など伝統的文化の数々が生き続けている。

伝承と特徴

　滋賀県の民話の歴史は古い。余呉の天女や日本武尊の話は古代から現代にまで伝わり、『三国伝記』など中世の説話集に載る話も多い。物語草子になった俵藤太の百足退治や甲賀三郎伝説は今も在地の伝承に受け継がれ、『近江輿地志略』など近世の地誌類にはさまざまな口碑が記されている。

　ただ近代以降は庶民の間で語られる民話の記録は少なく、戦前は1936（昭和11）年に三田村耕治が編んだ『滋賀県長浜昔話集』のみであった。昭和40年代になって、『近江むかし話』『余呉村の民俗』『近江竜王町の昔話』

や『近江愛知川町の昔話』など、貴重な資料集が相次いだ。その後、1980（昭和55）年頃に県内の市町村がそれぞれ昔話集を刊行し、滋賀県の民話伝承の全体像が見渡せることとなった。それらは再話を基本にしたが『西浅井むかし話』は語りのままを編集、また『伊吹町の民話』『滋賀県湖北昔話集』など、湖北の伝承の丁寧な報告が続いた。これらの資料により、かつては非常に豊かな口承世界が花開いていたと想像できる。

　昔話の呼称は「昔話」が一般的で、相槌は「ふんふん」、語り始めは「むかし」「昔々」が多い。結末句は、旧愛知川町で「そうらいごんぼ」を含む語りがいくつか報告されている。話の内容としては、本格昔話や動物昔話は少なく笑話が数・種類ともに多い。中でも「和尚と小僧」や「愚か息子」の話がよく語られた。また、伝説は非常に多彩で、「蛇女房」や「蛇婿入」「天人女房」「千疋狼」等々、本格昔話のストーリーが県内各地で伝説として伝えられてきた。ほかにも琵琶湖や川・池に関係する話、特に湖や池と竜女の話、そして地域の寺社の信仰につながる話、武将伝説などが多い。豊かな自然（特に水）とかかわった生活、厚みのある歴史や民俗を反映しているといえる。世間話は、笑話や伝説のモチーフと重なるものも多く、狐や狸、河童、妖怪、各地域の有名人など、実に話題が豊富である。

　なお最近は、ほとんどの公立図書館や幼稚園・小学校を中心に、お話ボランティアによる「お話し会」が開かれ、県内の民話をはじめ、日本・外国の様々な話が絵本や紙芝居などを通して伝えられている。

おもな民話（昔話）

姥捨山
（うばすてやま）

　県内で伝承例の多い昔話で、長浜市に伝わる話は、昔、山に母親を捨てに行く途中、親が木の枝を折るので息子が不審に思うと、親は息子が帰り道を間違えないようにと言う。息子は翌日親を迎えに行き、床下に隠して養う。ある時、殿さんから灰で縄をなえという難題が出て、母親に縄をなってから燃やせば良いと教えられ、息子が殿さんから褒美を貰う。次に馬の親子を調べる問題が出るが、やはり母親の知恵で切り抜け、どうして知ったのかと問われ、息子はお婆さんに教えられたと言う。それ以来、姥捨は止めになったのである（『西浅井むかし話』）。

　「枝折」や「難題」モチーフを語る話や他のタイプも含め、長浜市各地、米原市、甲賀市、高島市、愛荘町、竜王町などに広く伝わる。米原市では

Ⅲ　営みの文化編　　139

「枝折」という地名の由来伝説としても知られる（『米原町むかし話』）。

蛇女房

　　　　　　　『近江むかし話』に、近江八幡市に伝わる次のような話が載る。昔、湖岸で一人の若者が暮らしていたが、ある娘が漁に出る若者を見送るようになり、やがて二人は夫婦になる。だが、子どもまで産まれたある日、女房が自分は琵琶湖の龍神の化身だと告げて湖に帰ってしまう。赤ん坊のために女房は自分の右の目玉を乳代わりにと渡し、子どもは目玉をなめて育つ。なめつくしたので今度は左の目玉をもらってやるが、女房は、両目がなくなって方角もわからないので毎晩三井寺の鐘をついてくれ、それで二人の無事が確かめられる……と頼む。それから三井寺では毎晩鐘をつくようになったという。その他、県内各地に伝わる「蛇女房」はすべて三井寺の鐘の由来を語る。米原市の話では、蛇の目玉を取り上げた殿様が三井寺の鐘をつくるようお触れを出し、男は鍛冶屋なので一生懸命つくる。その鐘は殿様がついても鳴らず、男と蛇女房の息子がつくと初めて鳴る。蛇の母の一心だという（『伊吹町の民話』）。全国に分布する「蛇女房」にも三井寺の鐘と結びつくものが結構あり、三井寺の信仰を広げた座頭などの宗教者が各地に話を持ち歩いたものとされる。

千疋 狼
せんびきおおかみ

　　　　　　昔、お坊さんが木の上で野宿をしていると、狼が背中梯子をして木に登って来た。しかし、坊さんに届くのにもう一匹足りず、「柳ヶ瀬の太郎が母を呼んでこい」と言う声がする。やって来たものが届きそうになった時坊さんが錫杖で叩いたので、そのものは眉間に傷を負い落ちる。夜が明けて坊さんが柳ヶ瀬まで行き「太郎が母」について聞いたところ、そういう婆さんがいるが布団を被って寝ている。「正体現せ」と言うと狼であった。縁の下から白骨が見つかり、狼が婆さんを食べてなりすましていたのだ（『滋賀県湖北昔話集』）。この長浜市余呉町に伝わる話では正体は狼だが、長浜市の塩津浜や高島市では猫がお婆さんを殺して化けていたと語る。柳田國男が注目した柳ヶ瀬の狼神社の伝説としても伝わり、「オコナイ」行事の由来伝説ともなっている（『余呉の伝説』）。また、高島市マキノ町では海津の池田屋（宿屋）のこととして語られてきたという（『マキノのむかしばなし』）。いずれも福井県から滋賀県に通じる交通の要所に伝承されており、話の伝わった道筋が想像される。

猿婿入り

　　　　　　昔、三人の娘を持つお爺さんが、畑で牛蒡が抜けず困っているところに猿が来たので、娘を一人やる約束をして手伝ってもら

う。爺は猿との約束が気になりご飯も食べられない。娘にわけを話すと、上の二人はいやがるが末の娘が承知し、嫁入り道具に米一袋と臼と杵を頼む。猿が来ると娘は毎日お餅を食べさせると言って、猿に米と臼と杵を背負わせて行く。途中、娘が川べりの桜を欲しがり猿は木に登るが、娘は「もっと上もっと上」と登らせたので、猿は背負った物の重みで川に落ちてしまう。娘は家に帰り親や姉と喜び合ったという（『滋賀県長浜昔話集』）。

この話は1936（昭和11）年に長浜女学校の学生が報告したもので、同集には計55話が載っている。語りのままの記録ではないが整った話が多く、昭和の初めの豊かな伝承の姿が想像できる。「猿婿入り」の別のタイプは、嫁入りして里帰りの途中、猿が娘に頼まれ桜の枝を取ろうとして川に落ちる。この里帰り型の話は主に関東・中部以北に多く近畿地方ではまれなので、嫁入り型と里帰り型の両方が伝承されていた貴重な例である。

団子爺　笑話で、滋賀県で最も報告例の多い昔話。隣村の家で団子をご馳走になった爺が、あまりに美味しかったので「団子、団子」と言いながら帰る途中、溝をポイと跳ぶと「ポイトコセ」になってしまう。家に帰り婆に「ポイトコセしてんかい」と言うが伝わらず、怒った爺が婆を殴ると「団子ほどはれた」と言うので団子のことを思い出すというもの（『近江竜王町の昔話』）。全国的に広く伝承される話で、主人公を「愚か聟」や「愚か息子」とする地方が多いが、滋賀県では「爺」の話が過半数である。溝を跳ぶ時の言葉は「ポイトコショ」「ドッコイショ」などもある。また、買い物や使いを頼まれた男が溝を跳んだ際に「ポイトコセ」と言い、その拍子に買い物の内容を忘れるというものも多数伝わる。県内各地で語られるが、甲賀市、竜王町、愛荘町で特に多く伝承されている。世間話的に話される傾向がみられ、「ポイトコセーや」がもの忘れをした時に使う言葉になっている所もある（『近江愛知川町の昔話』）。

おもな民話（伝説）

琵琶湖と富士山　昔、「だだほし」という大男がいて、日の光が当たると体が溶けるので夜だけ仕事をしていた。近江の国の真ん中に穴を掘り、その土をモッコに入れて天秤棒でかついで駿河の国に運んでいたところ、ある夜、中山（日野町）辺りで天秤棒が折れたため村人達を起こし、代わりを探せと怒鳴った。しかし、天秤棒は芋茎で作

III　営みの文化編　　141

ってあったので丁度良いのが見つからず夜が明けてきた。だだほしは慌て
てモッコの土を捨てて逃げて行ったが、村人は大男がまたいつ来るか知れ
ないので長い芋茎を探そうと、芋茎の長さを比べ合う「芋比べ祭」が始ま
った。だだほしの掘った穴は琵琶湖になり、駿河に運んだ土の山は富士山
になったということだ（『続近江むかし話』）。琵琶湖の始まりを語る伝説
は県内各地にさまざまな形で伝承され、大男が土を運ぶ途中少し落とした
のが野洲市の三上山になったという話が広く知られている。また、湖北の
各地では、大男を「伊吹弥三郎」と伝え、琵琶湖を掘った土でできたのは
伊吹山で、途中で落とした土が岡山やみそごし山だという。

阿曽津婆

むかし琵琶湖の北に「阿曽津千軒」と呼ばれた大きな村が
あった。阿曽津婆という大金持ちがいて村人は皆その婆から
借金をしていた。婆は強欲で無茶な取り立てをしたので村人達は婆を恨み、
ついに婆を竹簀子に巻いて湖に投げ込んだ。その時たまたま堅田の漁師の
船が来て婆を助け介抱したところ、婆は漁師達が自分の竹林の竹を使うこ
とを許し、船を守る約束をして亡くなる。以来、堅田の漁師は阿曽津の竹
で竿を作り守り神にしたという。まもなく婆の恨みが大津波となって村を
襲い、阿曽津は一夜の内に消えてしまった。村人達は命からがら山を越え
て逃げ、やがて七つの村を作ったのである（『高月町のむかし話』）。

この伝説は長浜市の琵琶湖畔の地域でよく知られている。他にも、むか
し琵琶湖近くにあった大きな村が地震などの影響で水没したという話が随
所に残る。最近の湖底調査によって、その水没村伝承の多くが江戸時代以
前に実際に起こったことを伝えているとわかり、琵琶湖周辺の災害伝承と
して見直されている（『地震で沈んだ湖底の村』）。

愛知川の竜

湖東地域を鈴鹿の山から琵琶湖に向かって流れる愛知川
の流域に残る伝説。毎年洪水が出る頃、湖から山へ竜が愛
知川をのぼる。竜は人の姿になって、いつも五個荘にある決まった宿に
泊まっていたが、奥の間で蛇体になっているところを女中が覗き、それ以
来その家はバタバタとだめになったという。竜は上流の萱尾の滝近くの枇
杷の実を食べると言われていた（『近江愛知川町の昔話』）。

この伝説にかかわる話は愛知川が流れるすべての市や町に伝承され、江
戸時代の地誌にも記録がある。宿に泊まる際には美しい姫姿であったとも
いい、定宿にしていた所もさまざまに伝えられる（『八日市市のむかし話』

『湖國夜話』など）。竜蛇が川を上る目的は7月1日に行われた萱尾（東近江市）の滝祭りだという。萱尾の滝はかつて愛知川の水源とされ、永源寺ダムに沈む前は美しい大滝で知られた。その滝を祀る大滝神社は、古くから愛知川の水の恩恵を受ける流域の村々の信仰を集めており、この伝説は大切な愛知川の主（川の神）の話として言い伝えられてきたといえる。

おもな民話（世間話）

雷封じ　昔、守山市金森にはよく雷が落ちた。蓮如上人が金森に滞在の時にも雷が落ち、蓮如さんが杖で押さえつけ蓋をした。雷が謝ったので許して蓋を開けてやると雷は礼を言って天に帰り、それ以来金森には落ちないという（『続守山往来』）。同市では他に大日さんや一休さんが雷を封じたとも伝え（『守山往来』）、栗東市では神様や天神様のおかげという（『栗東の民話』）。野洲市、近江八幡市、豊郷町、愛荘町、旧伊吹町、旧近江町など各地に同様の話が伝わり、雷はなぜか村の神社や寺に落ちたという例が多い。雷封じの話は全国に残るが、雷は怖いものとされる反面、水神として、また雷光を神の降臨と見て崇拝された。雷を捕えた神様や僧は水神を祀る祭主を表すと考えられ、かつて滋賀県の人々が農耕に不可欠な雨を強く祈願し、雷を渇望したことが想像される話である。

狐のお産　県内には多くの狐に化かされた話があるが、狐のお産を助けた人が実在したという話。高島市の産科医に、ある夜難産だからと頼みに来る者があった。三人の男の子が産まれ、医者は帰りに今のは狐だったと気づく。翌日母親がお礼に来て、医者はどうせ木の葉だろうと思うが本当のお札であった。話が伝わってその産科医は有名になったという（『旅と傳説13』3号）。湖南市や近江八幡市の類話では産婆がとりあげた話として、愛荘町には産科医の実話として伝わる。高島市には、寺の奥さんがお産の世話のお礼に狐から薬の製法を教わって売り、「米善」と呼ばれたという話もあり（『旅と傳説』同上）、助けた狐に貰った薬の話は米原市にも実話として残る（『近江町むかし話』）。昔、狐は身近な動物であるとともに、稲荷の使者とされるように本来神の使いと見なされた。その信仰が衰退し、霊的な力が化かす・化けるなどと受け取られるようになったといわれる。狐のお産の話は報恩譚でもあり、人間が狐に親近感をもっていた滋賀の村里の生活の名残を感じさせる。

Ⅲ　営みの文化編　143

油盗人

地域の特徴

滋賀県はかつて近江国とよばれていた。「近つ淡海」の名の由来となった淡海(琵琶湖)がその中央に存在している。日本最大の淡水湖であるこの湖は対岸との陸上交通を疎外する要因である一方で、物資の大量輸送を可能にする水上交通のルートとして、また伝統的な魞(えり)(小型定置網)漁などにみるように生産の場としても、人々の生活に大きく関わってきた。平野は琵琶湖に流れこむ野洲川、日野川、愛知川の主要河川の下流に沿って分布する。湖をとりまくこの盆地は、比良山地から野坂山地によって西側を、鈴鹿山地から伊吹山地によって東側を、それぞれ区切られている。地域的なまとまりとしては、湖を中心にしてみた東西南北を、湖東、湖西、湖南、湖北と区分して理解するのが一般的である。

京都や大阪など、この国の政治経済、文化の中枢であった畿内地域と近く接していたことがこの地域の文化に大きく影響を与えている。湖東に位置する比叡山には、天台宗の拠点延暦寺が設けられており、仏教文化の影響のもとさまざまな伝承を生んでいる。また東西の経済、文化が交わる交通の交差点であり、戦国時代には幾多の争乱の舞台となり、近世には日本の経済を牽引する近江商人を生み出している。彼らが担った情報、物資の流通は妖怪を成立させる豊かな背景であった。

伝承の特徴

海がない代わりに大きな湖が存在していることにより、他地域であれば「船幽霊」とされるような水上の怪火や、「海坊主」とされるような水辺の大入道が、湖を舞台にすることで微妙にその様相を変えていたり、さらには、「幽霊船」が陸に適応したような「靄船(もやぶね)」伝承がみられたりするところは、いかにも湖の国ならではということができるだろう。

「靄船」も含まれる比叡山の七不思議のラインナップには、後述する慈(と)

忍の「一つ目小僧」だけでなく、紫色の顔をして変事を報せに現れる「茄子婆ァさん」や変幻自在の「大蛇」など個性的な面々がみられる。さらには、戒壇の建立をめぐって比叡山と争った頼豪阿闍梨が鼠に化し、延暦寺の仏像・経典を食い荒らした「鉄鼠」が日吉大社の子神社に祀られているなど、天台宗など仏教系の信仰要素も、この地域の妖怪伝承について語るうえでは避けて通れない。

主な妖怪たち

明智の人魂（'Shito Dama' of Akechi）

リチャード・ゴードン・スミスが大津市膳所の漁師に聞いた話によると、明智光秀が立て籠った坂本城が落城したのは、湖畔の漁師が城に水を引く水源のありかを羽柴方にばらしたためだという言い伝えがあり、その恨みで琵琶湖には火の玉が現れるのだそうだ。この怪火、差し渡しは5寸（15cm）ほど、城の方から飛来し、舟を難破させたり、航路を間違わせたりするという。正式な名称は「死んだ明智の幽霊の蜘蛛火（"The Spider Fire of the Dead Akechi"）」と長ったらしく、蜘蛛が光を発し夜空を飛ぶという『和漢三才図会』などにある知識も混ざっているようだ（『日本の昔話と伝説』）。

油盗人

山岡元隣による『古今百物語評判』に載っている怪火である。これは根本中堂の灯油料関連の権利により富を得ていた者が後に落ちぶれたことを嘆いて亡くなった後、彼の住んでいたところから光物が出て、根本中堂に飛んで来るようになったというものである。怒った坊主の首が火焔を吹くのを見た者があるなどと記されており、同書には2本の松明を口に咥えた坊主の頭部が飛行する挿図がつけられている。

滋賀県下にはこのバリエーションと思しき油に関わる妖怪話が他にも伝えられている。湖東の野洲市には、晩春か夏の夜、突如火焔が燃え上がるとともに多数の僧が出現する「油坊」の話がある。これは延暦寺の僧侶が灯油料を盗んで私腹を肥やした罪業により迷った亡霊だとされる（『郷土研究』5-5）。愛荘町の金剛輪寺にも灯油料を盗んで小遣いを手にした僧の話があり、こちらでは「油坊主」とよばれている。亡くなってから悪事を後悔したのか、彼は夜ごと黒い影法師の幽霊となって現れて「油返そう、油返そう。わずかのことに、わずかのことに……」と悲痛な声を上げなが

Ⅲ　営みの文化編　　145

ら山門から観音堂へと上っていき、手には油を持っているのだとか（『近江むかし話』）。

大入道

高島市に現れた「大入道」はびっくりして逃げた目撃者がふり返ってみると天にもとどくほど大きくなり、あたりは真っ暗になってしまったという（『高島の昔ばなし』）。米原市甲津原付近の山道では、夜、大きな坊主が馬車の前に立ちふさがり、馬が前に進まなくなることがあったそうだ。馬の尻を叩いて無理に前進させると、大きな坊主は消えて、翌朝そこには狸が1匹死んでいたそうだ（『伊吹町の民話』）。

琵琶湖の湖上に現れた「大ボーズ」の話もある。まるで湖の海坊主のようなこのお化けは、湖東の守山市木浜町沖に仕掛けられていた魞のあたりに出現した。漁師に頼みこんで舟に乗りこみ対岸の坂本へ渡ると、ある家に侵入して女性を一人殺害したという（『守山往来』）。

大百足（おおむかで）

栗太郡田原村の住人、藤原秀郷（田原藤太）が瀬田唐橋（からはし）を通りかかったら、橋の真ん中に20丈（60ｍ）もあろうかという「大蛇」がとぐろを巻いていた。恐れることなく大蛇を踏みこえて進んだ秀郷は、一人の男に背後から呼びとめられた。この男の正体は龍神であった。秀郷の豪胆に感心した龍神は、秀郷に仇討ちの手伝いを依頼すると、唐橋の下にある龍宮城に招いて歓待した。仇討ちの相手は三上山に棲む「大百足」であった。秀郷自慢の大弓で、敵の眉間をめがけていくら矢を射ようとも、はねかえされて刺さらない。思案した彼は、百足が嫌うという唾液をつけた矢を射ることで、ようやく怪物を退治できたのだった。現在、瀬田唐橋の近くには龍王宮秀郷社が祀られている（『大津の伝説』）。

河太郎

古くから安曇川（あど）流域では、山から伐りだした木材を組んで筏（いかだ）にし、筏師が操り川を下って運搬していた。

昔、思子淵神（しこぶち）が子どもを筏の先に乗せ安曇川を下っていた。金山淵を通りかかったとき、筏が止まり、子どもの姿がみえなくなった。あわてて探すと子どもは水の底で「河太郎」に捕まっていた。子どもをとりかえした思子淵神は「河太郎」をきつく叱り、さらに川を下った。中野の赤壁という岩のあたりでも、再び筏の邪魔をされた思子淵神は非常に怒り、今後、菅の蓑笠・がまの脚半をつけ、こぶしの杖を持つ筏師の姿をした者の邪魔をしないよう「河太郎」に約束させた。こうした経緯で、思子淵神は筏師の守り神となり、京都府の山中から高島市の朽木（くつき）地区を経て琵琶湖へと流

れこむ安曇川の流域には、思子淵神が点々と祀られるようになった（『朽木の昔話と伝説』『大津の伝説』）。「河童」が在地の神の下に組みこまれて悪さをしないようコントロールされているのが珍しく、とても興味深い話である。

巡礼の火の玉

東近江市能登川町には、琵琶湖で目撃される怪火についてまた別の伝承が残されている。1755（宝暦5）年、西国観音霊場巡りの巡礼をたくさん乗せた3艘の船が比良八荒の突風で転覆、人々はことごとく波にのまれてしまった。打ち寄せられた遺体は丁寧に葬られ、そこは「巡礼三昧」とよばれた。それ以来、船で湖面を渡って町まで用事に出かけた村人が遅くに「巡礼三昧」のあたりを通りかかると、火の玉が舞うのを目撃するようになったそうだ。この火の玉には長い髪があって、にたっ、にたっと笑う顔があるようにみえたともいう（『近江の昔ものがたり』『能登川のむかし話』）。

スナカケボウズ

名称に坊主とつくお化けには通行人に砂をかけるタイプのものもある。守山市では森や薮、堤防のあたりなど植物が鬱蒼と茂ったり、人通りが少なく淋しい場所にスナカケボウズが現れ、人に砂をかけたという（『守山往来』『続守山往来』）。姿かたちについて具体的な描写のある事例が見あたらないので、砂をかけるのがどんななりをした坊主なのかはわからないが、守山市勝部では「大きな坊主がよう出よりました。秋に、田から帰ってくると、つり鐘のところで、砂をかけよった」とあり（『続守山往来』）、「狸は姿をかえて大入道に化けて人を驚かせたり、木の上から砂を撒いていたずらをする」とある（『野洲川下流域の民俗』）ので、砂をかける坊主も標準的な人間サイズではなく、普通より背が高い大入道的なものがイメージされていたのかもしれない。砂をかける悪戯の原因者は多くの地域で狐狸だとされるのだが、この地域のように坊主だとされることもたまにあり、また老婆であるとされることもある。県下では草津市と栗東市目川に「砂ほりばばあ」、湖南市石部中央に「すなかけばばあ」とよぶ例がある（『草津のふるさと文化』『栗東の民話』『甲西の民話』）。

ツルベオロシ

高島市では松の古木から舞いおり人をおどかすものとされる。東近江市では、夕方、大欅の上から「天狗」が釣瓶をおろして子どもをさらうことをいう。このタイプの仲間の言い伝

Ⅲ　営みの文化編　　147

えは県下の各所に残されている（『高島郡誌』『湖東町のむかし話』）。

人魚

『日本書紀』の619（推古天皇27）年4月には、「蒲生河に物有り。その形人の如し」という記事があり、これを日本最古の人魚の記録だとする意見がある。こうした話がもとになって、いろいろな尾鰭がついたものか、湖東の蒲生野をはじめ県下にはいくつかの「人魚」伝説が残されている。近江八幡市の観音正寺は、殺生を生業とした報いで琵琶湖の「人魚」となった漁師を救うため、聖徳太子が築いたといわれ、かつては「人魚」のミイラを所蔵していた（『安土ふるさとの伝説と行事』）。日野町の伝説では、淵に身を投げた女性が大きな鯉に助けられ、彼女と鯉の間に生まれた「人魚」が醍醐天皇に取り憑いて害をなしたという。退治されたこの「人魚」を葬ったのが日野町小野の「人魚塚」である（『近江むかし話』）。湖東だけに限らず湖北の長浜市などでも、琵琶湖には人魚が住んでいるというそうだ（『虎姫町の民俗』）。

一つ目小僧

比叡山七不思議のひとつとされる。修業道場の総持坊の玄関には、一眼一足の僧侶の絵が掲げられている。これは修行をさぼって里へ酒を買いに行こうなどとする僧をいましめに、夜中、鉦を叩きながら見回りをする慈忍和尚の姿だとされる（『大津の伝説』）。比叡の山中には、単眼の神霊についての言い伝えが濃く分布しているのか、他にも元黒谷へ門人と薬草の採集に入った本草学者の松岡玄達が一つ目の童子と遭遇したという話も残されている（『有斐斎箚記』）。

フクマカブセ

川べりや橋のたもとを歩いているときに、ふっと目の前が真っ暗になる。時にはこのせいで川に落ちたりもする。甲賀市信楽町多羅尾ではこれをフクマカブセを被せられたといい、白い布のようなものを被せられているのだと考えた。狸に化かされたり、フクマカブセに被せられた人は、長持の中に入れたり、牢に入れたりして治した（『民俗採訪 昭和37年度』『多羅尾の民俗』）。フクマというのは、衾（昔の夜具）がなまったのであろう。これと同じように、突然あたりがまったくの暗闇になって道路がみえなくなることを、湖南市では「狸の金玉かぶせ」といい、狸が陰嚢で目かくししているのだと考えた。腰をおろし『般若心経』を唱えたりして気持ちを落ち着けると目は見えるようになるが、気づくと狸に持ち物をとられているという（『甲西の民話』）。

亡霊子
（ぼうこ）

本能寺の変で織田信長が自害した後、安土城内の婦女子は明智勢に捕えられ、城から放逐された。その中には琵琶湖に身を投げて死んだも者もあり、その霊は命日に怪火となって現れるという。舟や衣服についたこの火を払うと火の粉はあたりにあふれ、ひとつでも手で覆い隠せばすべて消えるという（『近江むかし話』）。

蓑火
（みのび）

彦根市大藪町には「蓑火」が出るところがあった。雨の夜に琵琶湖で漁をしていると、陰火が蓑につくのだそうだ。雨が降ると火はより強く光り、払うとまるで星のようにみえる。それで、「蓑火」とか「星鬼」とよぶ（『滋賀県管内犬上郡誌』）。井上円了が著書で引用した『不思議弁蒙』（べんもう）には、この怪火は琵琶湖で溺死した人の怨霊火であるとも、ガスのせいであるとも考えられているとある（『妖怪学講義』）。長浜市西浅井町では「みのむし」とよんでおり、正体は水死者の霊だという。散らばった光の小片のどれでもひとつを茶碗で伏せれば、他の光もすべて消え去るというのは亡霊子と同じである（『湖のくらし』『民俗文化』352）。

靄船
（もやふね）

これも比叡山に伝わる七不思議のひとつ。大津市坂本、日吉大社の左手から比叡山に登る坂道を表坂という。毎年、お盆になると、この坂を上って亡者たちが比叡山に向かうというのだが、このとき、死者は比叡山特有の深い靄でできた船に乗っているのだそうだ。あるとき、これと目撃した小僧によると、白い経帷子を着て額に三角巾をつけた亡者を乗せた船が、なん艘も、なん艘も、宙をふわふわ浮いて山頂を目指していったのだとか。以来、表坂を船坂という別名でもよぶようになったといわれている（『近江むかし話』）。この船に乗っているのは女の霊で、彼女たちと目が合った山法師が、翌日死んでしまったという話もある（『大津の伝説』）。

雪女

湖北の山間部は日本海側気候のため豪雪地帯として知られている。雪深い土地であるため、長浜市には「雪女」の話が伝えられている。長浜市西浅井町では粉雪の降る日にきれいな人がやってきて、家の中に「ふわっとはいって来て、ちょんと」座っていたそうだ。この人は雪の精で、熱くて溶けてしまうから囲炉裏の火を消してくださいと言い、彼女の言うとおりにしてから話をしていたのに、いつの間にか溶けてしまったという（『西浅井むかし話』）。長浜市余呉町（よご）でも、白い着物に子どもを包んでつれていく「雪女郎」の話が語られている（『余呉の民話』）。

Ⅲ　営みの文化編

高校野球

滋賀県高校野球史

滋賀県で最初に野球が始まったのは彦根中学（現在の彦根東高校）で，1891〜92年頃ではないかといわれる．98年には八幡商業，滋賀県立第二尋常中学（現在の膳所高校），滋賀師範でも創部された．

1915年の第1回大会から強豪の京都府と同じ予選地域にされたため，滋賀県の高校野球の歴史はいかにして京都府勢に勝つかという戦いであった．

34年選抜で膳所中学が滋賀県の学校として初めて甲子園の土を踏んだが，夏は1度も甲子園に出場できなかった．

戦後，53年八日市高校が夏の甲子園に滋賀県勢として初めて出場．67年の守山高校まで京滋大会（京津大会から改称）を制した高校はなかった．

一方，近畿地区という大きな枠で選ばれる選抜大会には，彦根高校（後に彦根東高校と改称）が50年と53年に出場．57年と62年には選抜に八幡商業が出場して，ともに準々決勝まで進むという活躍を見せている．

結局，戦前を含めて49回開催された京滋大会（京津大会含む）で滋賀県の学校が勝ったのはわずかに4回，残りの45回は全て京都府側の出場であった．

78年から滋賀県も1代表を送ることになった．翌79年夏に出場した比叡山高校が夏の県勢初勝利をあげると準々決勝まで進出．さらに翌年には瀬田工業がベスト4まで進んだ．

以降，滋賀県勢は夏の甲子園では当然のように初戦を突破，85年には甲西高校もベスト4まで進むなど，それまでの不振が嘘のような好成績をあげた．そして，2001年夏には近江高校が滋賀県勢として初めて決勝に進出した．

さらに，2018年の選抜では膳所高校が21世紀枠で選ばれたのに続いて，一般枠で近江高校と彦根東高校が選出され，3校同時出場という快挙を達成している．

主な高校

伊香高 (長浜市，県立)
春2回・夏3回出場
通算0勝5敗

1896年組合立伊香農業補習学校として創立. 1900年郡立となり，02年郡立伊香農学校と改称. 22年県立に移管. 48年の学制改革で木之本女学校と統合して県立伊香高校となった. 翌49年に県立湖北高校に統合されたが，51年に伊香高校として再独立.

48年に創部し，68年夏に甲子園初出場. 以後，73年夏，77年春，87年春夏と5回出場しているが，まだ初戦を突破できていない.

近江高 (彦根市，私立)
春5回・夏14回出場
通算17勝19敗，準優勝1回

1938年オーミケンシが社員のために創立した近江実修工業学校が前身. 41年に近江高等女学校を創立し，48年の学制改革で両校を統合して，定時制の近江高校となる. 56年全日制の高校に転換した.

57年創部. 81年夏に甲子園初出場し，鶴商学園高を降して初戦を突破. 92年夏に2度目の出場を果たすと，以後は常連校として活躍. 2001年夏には滋賀県勢として初めて決勝に進出した. その後，03年春と18年夏にもベスト8まで進んでいる.

大津商 (大津市，県立)
春2回・夏0回出場
通算0勝2敗

1905年大津市立大津実業補習学校として創立し，12年市立大津商業学校と改称. 20年県立に移管. 48年の学制改革で県立志賀高校となり，翌49年には県立大津高校に統合されて消滅. 52年普通科と実業科の分離で大津西高校となり，56年に県立大津高校と改称. 58年商業科が独立して，県立大津商業高校として復活した.

22年創部. 39年選抜に初出場. 戦後も63年選抜に出場している.

北大津高 (大津市，県立)
春3回・夏3回出場
通算5勝6敗

1984年県立北大津高校として創立し，同時に創部. 2004年夏に甲子園初出場を果たすと，以後常連校となって9年間で春夏合わせて6回出場した. 2008年選抜と10年夏に3回戦まで進んでいる.

III 営みの文化編 151

甲西高 (湖南市，県立) 春0回・夏2回出場 通算4勝2敗

1983年県立甲西高校として創立し，同時に創部．1期生が3年生となった85年夏に甲子園初出場を果たすと，いきなりベスト4に進んで注目を集めた．翌86年夏にも出場している．

滋賀学園高 (東近江市，私立) 春2回・夏1回出場 通算3勝3敗1分

1933年に開設した和服裁縫研究所が母体．76年専修学校の八日市高等女子専門学校となり，84年に八日市女子高校として創立．99年共学化して滋賀学園高校と改称．

共学化した99年創部．2009年夏に甲子園初出場．16年選抜ではベスト8まで進んだ．17年春も出場．

瀬田工 (大津市，県立) 春2回・夏1回出場 通算3勝3敗

1939年県立瀬田工業学校として創立．48年の学制改革で大津工業学校と統合されて県立瀬田高校となる．49年県立湖南高校に統合されたが，51年に再び瀬田高校として独立．55年に瀬田工業高校と改称．

46年創部．80年選抜で初出場すると，夏には滋賀県勢として初めてベスト4まで進出した．82年選抜にも出場している．

膳所高 (大津市，県立) 春4回・夏2回出場 通算0勝6敗

1898年滋賀県立第二尋常中学校として創立し，99年滋賀県第二中学校，1908年県立膳所中学校と改称．48年の学制改革で，県立大津高等女学校，県立大津商業学校，大津市高等女学校，大津市女子商業学校と統合して県立膳所高校・大津高校・志賀高校の3校に再編，さらに49年にこの3校を統合して県立大津高校となった．52年に普通科の県立大津東高校と，実業科の県立大津西高校（後の大津商業）に分離した．56年県立膳所高校と改称．

創立と同時に創部した県内屈指の名門．膳所中時代の34年春に甲子園初出場．戦後も大津東高校時代の56年選抜を含めて5回出場している．2018年には21世紀枠に選ばれて59年振りに選抜大会に出場した．

長浜北高 (長浜市, 県立)　春1回・夏1回出場　通算0勝2敗

　1911年町立長浜実科高等女学校として創立. 20年町立長浜高等女学校となり, 22年県立に移管. 48年の学制改革で県立長浜北高校となり, 共学化. 49年県立長浜南高校に統合されて県立長浜高校(後の長浜高校とは別)となったが, 52年に再び県立長浜北高校として独立. 2016年甲子園出場歴のある県立長浜高校を統合.

　1948年創部. 63年夏甲子園に初出場し, 83年選抜にも出場した. なお, 統合した長浜高は84年夏に出場し, 大船渡高校を降して初戦を突破している(通算1勝1敗).

八幡商 (近江八幡市, 県立)　春7回・夏7回出場　通算12勝14敗1分

　1886年県立の滋賀県商業学校として大津に創立. 1901年近江八幡に移転し, 08年県立八幡商業学校と改称. 48年の学制改革で県立八幡高校となり, 49年県立中央高校と改称. 51年の再編で県立八幡高校に戻り, 55年八幡商業高校と改称した.

　1898年に創部した名門で, 1915年の第1回大会予選にも参加. 戦後, 八幡高時代の51年選抜に初出場. 62年選抜ではベスト8に進み, 作新学院高校との試合は延長18回引き分け再試合となっている. 93年選抜でもベスト8に進んだ.

比叡山高 (大津市, 私立)　春5回・夏8回出場　通算6勝13敗

　1873年天台宗の教師養成学校として創立. 1916年比叡山中学校と改称し, 48年の学制改革で比叡山高校となる.

　12年に正式創部し, 15年の第1回大会予選にも参加した名門. 69年選抜で初出場. 79年夏に釧路工業を降して滋賀県勢初勝利をあげると, ベスト8まで進んでいる. 82年夏にもベスト8進出. 近年では2015年夏に出場している.

彦根東高 (彦根市, 県立)　春4回・夏2回出場　通算2勝6敗

　彦根藩校・稽古館を母体に1880年県立彦根中学校として創立. 1948年の学制改革で県立彦根東高校となった. 翌49年市内の3校を統合して彦根

高校となったが，52年に再度分離，彦根東高校となった．

1894年創部とされるが，実際にはもっと以前から行われていたともいう県内きっての名門．戦後，彦根高校時代の1950年選抜に初出場．2009年選抜に21世紀枠代表として出場すると，以後は13年夏，17年夏，18年選抜と出場を重ねている．

水口高 (甲賀市，県立)
春1回・夏1回出場
通算0勝2敗

1908年に創立した県立水口農林学校が前身．19年に県立水口中学校が創立され，48年の学制改革の際に，水口高等女学校，甲南女子農学校と統合して県立甲賀高校となった．75年県立水口高校と改称．

24年創部．甲賀高校時代の58年夏に甲子園初出場，68年選抜にも出場した．

⑬滋賀県大会結果（平成以降）

	優勝校	スコア	準優勝校	ベスト4		甲子園成績
1989年	八幡商	5 − 4	近江高	八日市高	大津商	3回戦
1990年	八幡商	6 − 5	彦根東高	比叡山高	甲西高	3回戦
1991年	八幡商	1 − 0	石山高	近江高	比叡山高	2回戦
1992年	近江高	4 − 1	比叡山高	八幡商	栗東高	初戦敗退
1993年	近江兄弟社高	6 − 4	大津商	守山北高	栗東高	初戦敗退
1994年	近江高	4 − 0	長浜高	栗東高	比叡山高	2回戦
1995年	比叡山高	11 − 3	高島高	近江高	北大津高	初戦敗退
1996年	近江高	7 − 4	栗東高	八日市高	大津商	初戦敗退
1997年	比叡山高	4 − 1	八幡商	甲西高	近江高	初戦敗退
1998年	近江高	5 − 0	北大津高	石山高	大津商	初戦敗退
1999年	比叡山高	3 − 0	近江高	大津商	彦根東高	初戦敗退
2000年	八幡商	7 − 4	近江高	長浜北高	堅田高	初戦敗退
2001年	近江高	9 − 1	光泉高	北大津高	大津商	準優勝
2002年	光泉高	16 − 1	彦根工	八幡商	八日市高	初戦敗退
2003年	近江高	4 − 1	北大津高	滋賀学園高	水口高	2回戦
2004年	北大津高	3 − 2	八日市南高	光泉高	近江高	初戦敗退
2005年	近江高	5 − 0	彦根東高	八幡商	光泉高	初戦敗退
2006年	八幡商	6 − 3	滋賀学園高	彦根翔陽高	安曇川高	初戦敗退
2007年	近江高	12 − 3	北大津高	比叡山高	彦根東高	2回戦
2008年	近江高	12 − 5	綾羽高	水口高	八幡商	初戦敗退
2009年	滋賀学園高	7 − 1	近江高	北大津高	比叡山高	初戦敗退
2010年	北大津高	3 − 1	彦根東高	滋賀学園高	近江兄弟社高	3回戦
2011年	八幡商	6 − 4	北大津高	瀬田工	近江兄弟社高	3回戦
2012年	北大津高	4 − 3	野洲高	八幡商	光泉高	初戦敗退
2013年	彦根東高	3 − 1	近江兄弟社高	八幡工	近江高	初戦敗退
2014年	近江高	4 − 0	北大津高	伊香高	八幡商	3回戦
2015年	比叡山高	5 − 0	近江高	野洲高	米原高	初戦敗退
2016年	近江高	3 − 0	高島高	滋賀学園高	滋賀短大付高	初戦敗退
2017年	彦根東高	4 − 1	近江高	水口高	水口東高	2回戦
2018年	近江高	8 − 4	綾羽高	近江兄弟社高	滋賀学園高	ベスト8
2019年	近江高	1 − 0	光泉高	綾羽高	滋賀学園高	初戦敗退
2020年	近江高	6 − 1	水口東高	滋賀学園高	綾羽高	（中止）

Ⅲ　営みの文化編　155

信楽焼（狸の置物）

地域の歴史的な背景

滋賀県を代表するやきものが信楽焼であることは、言うまでもない。その窯里は、滋賀県の最南端に位置する海抜300メートルの盆地である。

信楽の土壌は、約6500万年前、信楽陶土の母岩となる花崗岩が山地に広がった、といわれる。そして、約400万年前には、伊賀（三重県）付近には琵琶湖の原型となる古代湖があり、約40万年前に現在の位置まで北上した。海底には土砂や動植物の残骸などが堆積した古琵琶湖層があり、そこへ花崗岩や流紋岩の風化物が流れ込んだことで、やきものに適した粘土質ができ上がった、と伝えられているのである。

主なやきもの

信楽焼

甲賀郡信楽町（現・甲賀市）一帯で鎌倉後期の13世紀後半頃から焼かれたやきものの総称である。

琵琶湖の南、甲賀の山間に信楽の町がある。その信楽の地名は、8世紀中期に聖武天皇が造営した紫香楽宮にちなんだものであろう。その紫香楽宮跡は、信楽に近い雲井にあり、松林の中に礎石を残している。そして、その遺跡から布目瓦や須恵器の出土例もある。

それを信楽焼の起源とするかどうかは問題のあるところだが、平安時代後半には現在の窯場周辺で焼締めの陶器が焼かれていたことは、ほぼ事実であろう。信楽焼窯業試験場や近江風土記の丘資料館（蒲生郡安土町）に残る壺などがそうである。形が端正で、蔵骨器や経筒に用いられたものと思われる。そして、鎌倉時代になると、底が大きくどっしりし

た壺（後に、蹲と呼ばれるようになった）などが盛んに焼かれるようになっている。さらに、室町期には、茶壺や茶陶も焼かれ出すが、量的には擂鉢の残存例が多い。

これらは、穴窯で焼かれたものである。穴窯は、山腹の傾斜地を利用した半地価式の単室窯だが、長期間焚き続けることでかなりの高温焼成が可能である。そこで、器面には粘土中に含まれる石はぜや灰被りによるビイドロ状の自然釉などを生じた。これが古信楽の特色として、後々茶人などの愛好するところとなった。

江戸時代以降は、登り窯によって生活雑器が大量に焼かれるようになる。甕・壺・徳利・擂鉢・土堝・土瓶などであるが、ただ焼締めただけでなく、鉄釉や灰釉なども使われるようになった。その流れが明治時代から昭和前半まで引き継がれるのであるが、明治時代からは海鼠釉が開発され、それが信楽焼の火鉢を広く世に出すことになった。数ある信楽焼の製品の中でも、以後火鉢の生産が大半を占めるようになったのである。

現在の信楽焼は、旧来の登り窯で甕や便器、火鉢を焼く窯元をわずかに残しながらも、全体的には茶陶の復興と民芸陶器への転換が大勢を占めるようになった。ユーモラスな狸の置物も、大きなものから小さなものまで大量に焼かれている。窯は、大半が近代的なトンネル窯や電気窯である。

信楽でも注目すべきは、良質な粘土に恵まれていることである。花崗岩質が風化して蛙目粘土と木節粘土を生んでいるが、この2種類の粘土を混ぜあわすと、成形のための適度な粘りと焼成のための耐火性を兼ね備えた格好の陶器原料となる。そうした陶土が、ほとんど無尽蔵にあるのだ。信楽には製土業者も多く、信楽の窯元に供給するだけでなく、京都（清水焼）などにも出荷しているほどである。

八田焼

甲賀郡水口町八田（現・甲賀市）で焼かれた陶器。明暦元（1655）年頃、宮治伊兵衛が開窯した、と伝わる。その後、信楽から陶工を呼び寄せて

徳利や片口、皿、鉢などの日常雑器を焼いた。粒子が細かいため焼締め
が良くて水漏れしにくいので、特に徳利や片口が好まれた。

　八田焼が盛んになったのは、明治以降のことである。明治初期の最盛
期には京都や福井方面にも出荷された、という。だが、もともと農家の
副業的性格が強く、養蚕が盛んになるとしだいに廃れてしまった。その
後復興、第二次大戦後には土器などの神具も焼かれるようになり、京都
や奈良の神社などに納められた。

膳所焼

　大津市の膳所藩領内で焼かれた陶器。開窯時期については、諸説ある。
例えば、寛永年間（1624〜44年）に藩主の石川忠総が小堀遠州の指導を
受けて開窯したという説。また、17世紀初めの『駿府御分物卸道具帳』
や『松屋会記』の記録に見える「勢（瀬）田焼」「セタヤキ」を膳所焼の前
称とする説にのっとった慶長年間（1596〜1615年）開窯説もある。伝世
品の稀少をもっても、幻のやきものである。

比良焼

　滋賀郡志賀町木戸の比良山麓の土を使った江戸期のやきもの。慶安年
間（1648〜52年）頃の比良山麓には茶碗山や茶碗畑という地名があった
ことから、その辺りに比良焼の採土場や窯場があったのではないか、と
推測される。また、京都の焼物師に比良山の白土を売ったことが、尾形
乾山の『陶工必用』に記録されている。ただ、比良山麓で窯跡が発見さ
れていないことや、伝世品が京焼の影響を感じさせる洗練された作風で
あることなどから、比良山麓の土を使って京都かその周辺の窯で焼かれ
たのではないか、と考察されてもいる。

　伝世品は、制作年代が幅広く、元禄年間（1688〜1704年）から嘉永年
間（1848〜54年）までのものがみられる。その製品は、粒子の細かい半
磁胎製で鉄絵黄褐色のものの他に、不純物を多く含む土を用いて光沢の
ある志野風の釉や白釉などを施したものなど、多岐にわたっている。

湖東焼(ことう)

　彦根市の城内とその周辺の佐和山山麓で焼かれた陶磁器で、佐和山焼、沢山焼ともいう。二つの流れがあり、その一つは、天保13～文久2〈1842～62〉年までの藩用窯。二つには、文政12(1829)年に古着屋の絹屋半兵衛(きぬやはんべえ)が絹屋窯を開いてから明治28(1895)年まで続いた民窯の系譜である。

　藩用窯は、藩主井伊直亮(いいなおあき)・直弼(なおすけ)の庇護の下、瀬戸焼や九谷焼、京焼など各地の陶工を招いて青磁・染付(そめつけ)・色絵など数々の製品を焼いた。13代当主直弼の代に黄金期を迎え、磁器を主体に細やかで美しい茶陶(ちゃとう)が数々焼かれた。中でも、やや青みのある白磁胎の赤絵金襴手(きんらんで)に優れた作品が多い。だが、文久2(1862)年に閉窯。その後は、窯場の設備や器具、材料など一切の払い下げを受けた山口喜平(やまぐちきへい)らが再び民窯として細々と存続させたのである。

Topics ● 陶芸の森

　信楽焼は、植木鉢・火鉢と狸像に象徴されてきたが、最近は大きな変化を遂げようとしている。

　それまで信楽焼の展示場として、信楽伝統産業会館・信楽焼資料美術館・県窯業試験場などが利用されてきたが、平成2(1990)年、勅旨(ちょくし)(甲賀市)と長野にまたがる40万平方メートルの丘陵地に「陶芸の森」が完成した。核となる施設は「陶芸館」「産業展示館」「創作研修館」で、信楽焼をテーマに創造・研修・展示を行ない、人や物、情報を通して交流しあう場所として整備されている。この陶芸の森を積極的に活用することによって、信楽焼を世界に向けて発信しようとしているのである。

　なお、平成31・令和元～令和2(2019～20)年にかけて、信楽がNHKの朝の連続テレビ小説(スカーレット)の舞台となった。主人公は、信楽焼の女性陶芸家。彼女が陶器づくりに取り組む姿勢を通して、信楽焼がより広く認知されたのではあるまいか。

Ⅲ　営みの文化編

IV

風景の文化編

地名由来

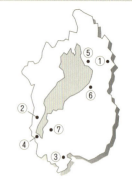

京の都の奥座敷

現在でも滋賀県は京の都の奥座敷である。京都駅からわずか十数分で大津駅に着いてしまうし、そこから美しい琵琶湖が広がっている。それが「近江」（都に近い湖）の意味でもある。

廃藩置県を経て半年後の明治4年（1871）11月、現在の滋賀県には「大津県」と「長浜県」が成立した。「大津県」はその直後「滋賀県」になり、明治5年（1872）9月には今の県域全てが「滋賀県」となった。「滋賀県」という県名になったのは、ほかならぬ「大津」が古来「滋賀郡」のうちであったからである。『延喜式』によれば、近江国の郡名は以下の通りであった。

「滋賀」「高島」「伊香」「浅井」「坂田」「犬上」「愛智」「神埼」「蒲生」「甲賀」「野洲」「栗太」

ここでも「滋賀郡」は筆頭に挙がっている。現在は「滋賀」と書くが、それ以外にも「志賀」「志我」「斯我」など多様である。大津にはかつて都が置かれたことがあるが（667～673）、それ以前にも、この地に都が置かれた可能性がある。

京阪石山本線に「穴太」と読む駅がある。記紀によると、景行天皇・成務天皇・仲哀天皇の三代が営んだという「高穴穂宮」があったとされる。『日本書紀』には「近江国に幸して、志賀に居しますこと三歳。高穴穂宮と謂す」とある。

歴史的には疑問も出されてはいるが、近江国の中でもこの滋賀郡に歴史が豊かに残されていることは事実だ。

さらに、湖西線沿いに北上すると、「安曇川」という地域がある。ここには「安曇川」という川が流れているからこの地名がついたのだが、これは古来海洋民族を支配した「安曇族」にちなんでいる可能性がある。安曇族のルーツは金印で有名な志賀島だが、信州の「安曇野市」以外にも、愛

162

知県の「渥美半島」など東国に多くの足跡を残している。

　そして、この地にある石山寺は真言宗東寺派の別格本山で、古来『源氏物語』など多くの文学作品が書かれたことも知られる。また、何と言っても比叡山延暦寺のお膝元である。最澄が開いた延暦寺がなかったら、鎌倉以降の仏教は生まれなかった。そういう意味でも、滋賀県は日本文化のふるさとであることは間違いない。

とっておきの地名

①伊吹山（いぶきやま）　滋賀県米原市、岐阜県揖斐郡揖斐川町、不破郡関ケ原町にまたがる伊吹山地の主峰（1,377メートル）だが、山頂部は米原市に属し、正確には滋賀県の山である。「いぶきやま」と読むのが通例だが、「いぶきさん」と読むケースもある。『古事記』では、東国を征討してきた倭 建 命（やまとたけるのみこと）が尾張に戻り、この伊吹山に賊を討ちに行くくだりがある。『古事記』では「伊服岐」（いぶき）と表記されている。命は伊吹山に武器を持たずに「素手」で戦いに挑むが、伊吹の山の神は大雨を降らせ、ついに命は退却を余儀なくされる。

　「伊吹」の由来は「息吹」（いぶき）にあることは疑いを入れない。季節風が集束して強風になることから、それを神の息吹になぞらえたことによるとみてよいだろう。

②延暦寺（えんりゃくじ）　「比叡山延暦寺」と呼ばれているが、それぞれの由来については意外に知られていない。「延暦寺」という寺号を嵯峨天皇から賜ったのは、最澄（767～822）没後の弘仁13年（822）（翌年という説もある）のことであった。「延暦」は桓武天皇時の元号であり、元号を寺号として下賜したという点に、いかに朝廷が延暦寺を重視していたかが表れている。

　最澄が薬師如来を本尊とする「一乗止観院」を建てたのは延暦7年（788）のことで、それ以降、この比叡山に三塔十六谷の堂塔が建立され、天台宗総本山となった。言うまでもなく、その後に鎌倉仏教に花を開く、法然・親鸞・栄西・道元・日蓮などが輩出されていく。

　延暦寺という寺号を賜ったのは最澄没後のことだとすると、それまでは何と呼ばれていたのか。意外に知られていないが、「比叡山寺」という名

Ⅳ　風景の文化編　　**163**

前だった。この「比叡山」の由来は、「日枝の山」で、「日枝」が転訛して「比叡」となったと言われる。「日枝神社」は「日吉神社」に通じており、それを考えると比叡山の麓に日吉大社が鎮座している意味もわかってくる。

③信楽（しがらき）

昭和5年（1930）に成立した「信楽町（しがらきちょう）」だったが、平成16年（2004）、平成の大合併によって「甲賀市」の一部に編入され、信楽町は消滅。今は甲賀市信楽町として残る。いわゆる「信楽焼」で知られるが、「信楽」をなぜ「しがらき」と読むかはこれまで明解はない。

奈良時代においては「紫香楽」と書かれていたことは判明している。天平12年（740）、聖武天皇は突如奈良の都を離れ、現在の京都府相楽郡加茂町に新しい都をつくり始めた。これを「恭仁京（くにきょう）」と呼んでいる。そして、その恭仁京から甲賀郡紫香楽村に通じる道が開かれ、天皇はこの紫香楽村に離宮をつくることになった。しかし、この紫香楽を京としたものの、直後に宮まわりでしきりに火災が起こり、天皇は早々に平城京に戻ってしまうということになった。聖武天皇は、後に東大寺につくることになった大仏もこの紫香楽につくろうと考えたという。ちょっと理解に苦しむ行動ではある。

すでに述べたように、奈良時代には「紫香楽」と書かれていた。この場合、「紫香」を「しが」と読ませ、「楽」を「らき」と読ませていることに注目したい。隣の京都府に「相楽郡」がある。「相楽」は「そうらく」と読んでいる。これは「和名抄」では「さからか」と訓じている。つまり、「楽」は「らか」と読まれていた。

「紫香」が「信」に転訛することは十分考えられる。問題は「楽」を「らき」と読むかどうかである。しかし、「相楽」の例で考えれば、「楽」は十分「らき」とも読めることになる。「紫香」はいったい何かという疑問も残るが、「志賀」もしくは「滋賀」という可能性もある。

④膳所（ぜぜ）

かつて滋賀郡にあった「膳所町（ぜぜちょう）」は、現在でも駅名や高校名として残っている。明治22年（1889）に「膳所町」として成立したが、昭和8年（1933）に大津市に合併されて膳所町は廃止された。

「膳」は「お膳」の「膳」だから「ぜ」と読むことはできる。問題は「所」をなぜ「ぜ」と読むのかである。「所」は音読みにすると「ショ」「ソ」に

なるので、「セ」と読んでそれに濁点が加わったとみると、少し納得がいくようにも見える。奈良県の「御所」は「ごせ」と読んでいる。

この地名の由来は、平安時代に置かれた御厨であるとされている。御厨とは天皇などに魚介類などの食事を調理する所領のことである。「膳所本町」駅の近くにある膳所神社はその御厨の跡地であると言われる。社伝によると、天智天皇が大津の宮に遷都した際、この地を御厨と定めたとある。

ご祭神は文字通り、食物の神の豊受比売命である。そう大きな神社ではないが、社殿の両サイドに米俵が3俵ずつ奉納されている。

⑤虎姫 かつて東浅井郡の「虎姫町」として存在した町。全国の市町村で唯一「虎」がつくことから、平成15年（2003）、阪神タイガースが優勝した時に一躍有名になった。

もとは明治22年（1889）の町村制施行により「虎姫村」ができ、昭和15年（1940）には「虎姫町」となった。しかし、平成22年（2010）に長浜市に編入されて虎姫町は消滅した。

「虎姫」という町名は町の北部にある「虎御前山」に由来する。こんな伝説が残されている。

昔、この山の麓に虎御前という美しい姫が住んでいた。ある時、姫が旅に出た帰り、道に迷っていると、青年が「よければ、私の家にお泊りなされ」と声をかけてくれた。それが縁で虎御前は「世々開」という長者と結婚することになった。

二人は幸せに暮らし、子どもが生まれたが、それは蛇のうろこに包まれた小蛇だった。虎御前は人目を避けて外出もしなかったが、ある月の夜、泉に映った我が身が蛇の形をしているのを見て池に身を投げてしまった……。

虎御前は鎌倉初期に相模国大磯宿の遊女であったと伝えられるが、その人物がこの虎姫であったかは不明である。ちょっと悲しい話ではある。

⑥彦根 石田三成が藩主を務めた佐和山城を中心に栄えた町だったが、江戸時代に入ってからは井伊家が治めた。「彦根」の由来は、現在彦根城が建っている彦根山に、天照大神の御子、「活津彦根命」が鎮座していたことによると伝えられる。養老4年（720）に藤原房前大臣の

Ⅳ　風景の文化編　　165

守護神、金の亀に乗った観音像を本尊とした金亀山彦根寺が建立され、多くの人々の崇敬を受けた。彦根城が別称「金亀城」と呼ばれるのも、これに由来する。

⑦栗東 昭和29年（1954）に「栗東町」が成立し、さらに平成13年（2001）に「栗東市」となった。「栗東」という地名は難読地名だが、「栗」という漢字は音読みにすると「りつ」となることを知れば、納得いく地名ではある。

もとをたどれば近江国の郡の1つとして「栗太郡」があった。当初「くるもと」と読まれていたが、後に「くりた」と読まれることになった。これも必然の流れかもしれない。明治以降も「栗太郡」が続いていたが、「栗東市」の成立によって町村が無くなり、栗太郡も消滅してしまった。

難読地名の由来

a.「浮気」（守山市）**b.**「朽木」（高島市）**c.**「綣」（栗東市）**d.**「相撲」（長浜市）**e.**「醒井」（米原市）**f.**「口分田」（長浜市）**g.**「男鬼」（彦根市）**h.**「妹」（東近江市）**i.**「西万木」（高島市安曇川町）**j.**「春照」（米原市）

【正解】
a.「ふけ」（フケで、低湿地帯を指す）**b.**「くつき」（朽ちた木に由来するか。お盆など木工品で知られる）**c.**「へそ」（糸巻きと関連するか）**d.**「すまい」（昔展覧相撲が行われたという）**e.**「さめがい」（中山道の宿場で、「居醒の清水」による）**f.**「くもで」（文字通り口分田に由来するか）**g.**「おおり」（昔、ここに男の鬼がいたということか）**h.**「いもと」（何らかの「妹」伝説があるか、もしくは「井元」の転訛か）**i.**「にしゆるぎ」（「万」は「よろず」と読むので、木がたくさんあるという意味になる）**j.**「すいじょう」（伊吹山の伏流水が出てきた「水上」が転訛した）

商店街

ながはま御坊表参道商店街(長浜市)

滋賀県の商店街の概観

　滋賀県は「湖国」とも呼ばれるように琵琶湖で有名な内陸県である。近畿と東海、北陸を結ぶ交通の要衝でもある。滋賀県を大きく分けると、大津市、草津市のある湖南、彦根市、近江八幡市のある湖東、長浜市、米原市のある湖北、高島市のある湖西の4地域に区分される。

　古くは近江商人発祥の地としても全国的に知られている。近江商人とは、近江を本宅・本店とし、他国へ行商した商人の総称である。現在の湖東地区の近江八幡市、東近江市付近を中心に、江戸時代末期から明治時代にかけて商人や商社、企業を数多く輩出した。特に、百貨店の創業では滋賀県の関わりが深く、例えば、20世紀前半に朝鮮半島や中国大陸に進出して一大百貨店チェーン「三中井百貨店」をつくり上げたのは、現在の東近江市の呉服店が始まりであった。また、「西武百貨店」などの西武グループの創業者・堤康次郎も湖東地域の愛荘町出身である。「高島屋百貨店」の屋号も創業者の義父が現在の高島市出身であったことに由来している。近江商人の営業活動の原点である行商は、今で言うマーケティングの達人としての役割を果たし、国内外で多くの企業家が活躍してきた。売り手良し、買い手良し、世間良しの「三方良し」が近江商人の心得を説いた言葉としてつとに有名である。

　2014年の『商業統計表』によれば、滋賀県の百貨店、総合スーパーマーケットの事業所数は29であり、近畿2府4県のなかでは、大阪府97、兵庫県73、京都府38に続き4番目で、以下、奈良20、和歌山14となっている。百貨店は大津市の西武百貨店大津店(1976年開店)と草津市の近鉄百貨店草津店(1997年開店)の2店舗のみである。しかし、県内には地元資本のスーパーマーケット、平和堂(アル・プラザ、フレンドマート)が80店舗あり、小型店から大型ショッピングセンターまでドミナント戦略(一

【注】この項目の内容は出典刊行時(2019年)のものです

定地域に多店舗を集中して面的に出店する店舗戦略）によって、駅前を中心に地域密着型の店舗展開を行っている。そのため、県内の各商店街にも平和堂が核店舗として立地しているケースが多く見られる。

　滋賀県内には2015年現在で117の商店街がある。商店街に県中小企業支援課が2014年から15年にかけてアンケート調査をしたところ、全体の7割以上が、最近の景況について「衰退している」と感じていると答えている。「衰退している」(74.6%)、「停滞している」(24.6%)を合わせると99.2%にのぼり、「繁栄している」と答えたのは1%にも満たなかった。小売業の事業所数を地域市町別に見ると、2014年現在で大津市（1,828）が最も多く、以下、長浜市（1,117）、彦根市（983）、草津市（877）、東近江市（832）の順となっており、いずれも琵琶湖東岸の湖南、湖東、湖北に集中しており、西岸の湖西では高島市（512）以外は少ない。

　また、近年の顕著な特徴として、若者を中心に買い物客がイオンモール草津、ピエリ守山、三井アウトレットパーク滋賀竜王などの郊外型大型商業施設に流れる傾向にある。それに伴い、商店街は店舗の閉鎖が増え、魅力がなくなるためさらに客足が遠ざかるという悪循環に陥っている。これからの商店街の活性化を考えると、単にモノを売るだけではなく、各種イベントや観光地とコラボレーションした独自の情報発信ができる取組みがさらに必要となってくる。

> 行ってみたい商店街

大津百町（丸屋町・菱屋町・長等）中心商店街（大津市）
―古さと新しさがミックスしたまち歩きに最適な商店街―

　滋賀県の県庁所在地である大津市は琵琶湖の西南端に位置する人口約34万の都市である。JR 大津駅付近には百貨店や大型店もなく、県庁所在地の駅前にしてはやや寂しい感じがする。現在は「ビエラ大津」としてカプセルホテルや飲食店などの店舗が入った商業施設に生まれ変わった。大津市の百貨店は JR 大津駅のひと駅先の JR 膳所駅北口から琵琶湖側へ徒歩10分のところに西武百貨店（1976年開店）があるだけとなっている。

　大津市の中心商店街は、JR 大津駅から浜大津方向に10分ほど歩いた、京町通り（旧東海道）から1つ北へ入った中町通りに3つの商店街が連続して形成されている。東から丸屋町・菱屋町・長等の商店街（全長約1km）が1本のアーケードで結ばれている。このあたりは東海道五十三次の宿場町で江戸時代末期から戦前までに建てられた伝統的な建築物（町家）が多く残っている。

　江戸時代から大津の町割りが100町あり、大津の町が繁栄していたことから「大津百町」と名づけ、大津のまちづくりの中心となっている。丸屋町商店街と菱屋町商店街の間には国道161号線が交差し、この道路上を京阪電鉄京津線の路面電車が走り、ゆったりと時間が流れる味わい深い風景である。3つの商店街のなかには琵琶湖の小魚や佃煮の店や和菓子、青果、近江牛、酒造など長い歴史を誇る個人商店も多い。また、丸屋町商店街の中ほどには「大津百町館」と名づけられた施設（休憩所）もある。ここは築116年以上の町家を利用した施設で、20年前までは書店として営業していた。ボランティアが常駐し、大津百町の説明をしている。施設内には昔の町家が再現され、大津の町の古地図やジオラマ模型をはじめ、商店街の古い資料も多数展示され一見の価値がある。

　大津百町では、3つの商店街を中心に商店街活性化に向けた様々な取組みをしている。なかでも、工夫を凝らした街歩きに便利な地図や資料を作成している。大津のまち家を考える会や大津市中心市街地活性化協議会が発行している「大津百町おもしろ発見地図」や「大津百町まち遺産マップ」は大津市の中心部の様子を丹念に調べてわかりやすい地図になっている。また、大津駅観光案内所が発行している OTSU-MAP も「大津市中心部の

Ⅳ　風景の文化編　　169

銭湯」や「大津のおみやげ」などワンテーマごとのユニークなミニマップとなっている。簡潔でわかりやすい。ぜひ一読をおすすめしたい。

夢京橋キャッスルロード、彦根銀座街（彦根市）
―城下町彦根を代表する新・旧商店街の挑戦―

彦根市は琵琶湖の東北部に位置する人口11万人、35万石の城下町である。JR彦根駅から北へ歩くと彦根城が見えてくる。彦根城の堀がある京橋からまっすぐに西へ伸びた道路沿いに「夢京橋キャッスルロード」がある。全長約350m、道路幅6mほどの商店街には、江戸時代の城下町をイメージして白壁と黒格子の町屋風に景観が統一された店舗が並ぶ。1999年に完成した新しい商店街で、30軒近くある店は、土産物店や飲食店、和菓子や地酒を扱う店が多い。地元密着型ではなく、彦根城を訪れる観光客にターゲットを絞った商店街として賑わっている。そのため、「古くて新しいOLDNEW TOWN」を商店街のコンセプトとして掲げ、地域おこしの拠点となっている。

彦根は県東部の中心都市として、昭和初期より商店街の充実には目を見張るものがあった。なかでも、彦根城の南、約1kmに位置する「彦根銀座街（銀座商店街）」は、戦前から県内屈指の商店街として賑わっていた場所である。1933年には湖北地方唯一の百貨店「マルビシ百貨店」も建設され、彦根の一等地として大いに栄えていた。戦後も、滋賀県を代表する地元スーパーマーケットの「平和堂」が1957年に「靴とカバンの店・平和堂」として誕生し、1963年には鉄筋5階建てのビルを建設し、県下初のエスカレーターを完備した「ジュニアデパート平和堂」が完成した。現在の銀座商店街付近は、1960年代初頭から建設された鉄筋3、4階建ての店舗付き住宅の片側アーケード型の街区で、レトロな雰囲気が漂っている。現在は、駅から離れていて市の中心部からやや外れた場所にあるため、苦戦を強いられている。

夢京橋キャッスルロードや彦根銀座街をはじめ、彦根市内の6つの商店街は「がんばる商店街77選」に選ばれ、まちづくりと一体となった商業活動を進めている。最盛時には中心市街地にある商店街の店舗数も800以上あったが、今ではその半分の400弱に激減している。彦根市周辺には平和堂が経営母体のアル・プラザやビバシティ彦根と呼ばれる郊外型ショッピングセンターも出店し、歩いて行ける近隣型商店街は苦しい立場に追い込まれている。観光客相手の商店街としての役割だけでなく、地元客中心

の日常生活に密着した商店街をどうつくり上げていけるかが今後の鍵となる。

大手門通り・ながはま御坊表参道商店街（長浜市）
―古い街並みと黒壁がシンボルの回遊型商店街―

大阪から新快速で約90分。JR北陸本線長浜駅を降りると、西に琵琶湖、東に伊吹山の眺めが美しい。彦根市と並ぶ湖北の中心都市である長浜市は人口12万人、人口規模では大津市、草津市に次ぐ県下3番目の都市である。豊臣秀吉が今から約400年前の1574年頃に自ら城主となり、城下町を築いたのが長浜である。その当時まで「今浜」と呼ばれていた地名も、「長浜」と改められた。

長浜の中心市街地に連日多くの観光客が訪れるようになって、かつて閑古鳥が鳴いていたのが嘘のようである。きっかけは、1989年に北國街道と大手門通り商店街が交差する古い街並みの一角に、「黒壁スクエア」がオープンしたことによる。1900年に完成した国立第百三十銀行長浜支店を改装したもので、黒壁という名前も、当時銀行に付けられた「黒壁銀行」という愛称が由来とされている。1989年当初は、世界中のガラス作品を集めた「黒壁ガラス館」を中心にスタートしたが、現在では「黒壁AMISU」と名づけられたギャラリーやレストラン、カフェ、滋賀の特産品を集めた店などが増築され、多種多様な店が30軒ほど集まり、複合商業施設「黒壁スクエア」を形成している。

この黒壁スクエアから東へ少し歩くと、大手門通り商店街のアーケードが見えてくる。商店街のなかには、長浜の名産品や文具、骨董、のれん、地酒など様々な店が約30軒近くある。商店街の中ほどには、地産地消の商品を集めた「まちの駅」と呼ばれる店舗や金物店の商家を改装してつくられた「まちづくり役場」が置かれていて、長浜のまちづくりに関する取組みや情報発信の拠点となっている。この大手門通り商店街は地域住民のための近隣型商店街というよりも観光商店街としての性格が強い。フィギュアで有名な海洋堂が運営するミュージアムや、日本三大山車祭りの1つとされる長浜曳山祭の展示をしている曳山博物館も商店街の一角にある。大手門通り商店街を進み、左折すると、ながはま御坊表参道商店街へとつながっている。ここは真宗大谷派長浜別院大通寺への参道にある門前商店街である。呉服、履物、荒物、陶器など買い物の店から、和食、カフェ、バーなど飲食の店まで約30軒揃っている。

IV　風景の文化編　171

この2つの商店街以外にも、北國街道を中心に、祝町通り、浜京極、ゆう壱番街、博物館通り、駅前通り、明治ステーション通りなど、東西・南北方向に通りが並んでいて、回遊型商店街の様相を呈している。ぶらぶらと商店街を中心に街歩きをするのには絶好の場所である。駅からも徒歩5分と近く、30分もあれば中心商店街を見て楽しめる。長浜は、京阪神や中京、北陸の文化・経済圏の結節点としての地理的位置が強みの1つとも言える。「近世城下町のルーツ・長浜へようこそ」と書かれたまち歩きマップもわかりやすい。ぜひ訪れたい商店街の1つである。

京街道門前通り商店街（近江八幡市）
　―近江商人発祥のパワースポット商店街―

　JR近江八幡駅北口から路線バスに乗って、約10分で古い街並みが色濃く残る小幡町資料館前に到着する。南北に小幡町通り、新町通りなどの筋が、東西に京街道門前通りや大杉町通りなどの筋が碁盤目状の町をつくっている。近江八幡は近江商人の中核をなす八幡商人誕生の地で、格子戸や見越しの松、うだつなどが並び「重要伝統的建造物群保存地区」として街並みが保存されている。

　小幡町資料館前のバス停のある交差点から東西方向に、京街道（朝鮮人街道）沿いに古い街並みの商店が並ぶ「京街道門前通り商店街」がある。京街道は江戸時代、将軍が交代するたびに朝鮮国より国王の親書を持って来日する「朝鮮通信使」が往復したことから朝鮮人街道とも呼ばれる。

　京街道門前通り商店街の入口には「お願い絵札で願いが叶うパワースポット」というアーチが掲げられている。以前、商店街にはアーケードがつくられていたが、今は取り外されている。商店街の入口から西側に約450m、石段を上がると観音山広場がある。商店街の多くの店では健康祈願・恋愛成就・良縁祈願など12種類の願成就絵札が販売されている。古い街並みのなかに、八幡名物のでっち羊羹の老舗菓子店をはじめ仏具、ローソク、呉服、履物、洋服、日用雑貨、印判などの個人商店が点在しており、商店街の外れには願成就寺や本願寺八幡別院といった寺院など、のんびりと散策するには絶好の場所である。

京街道門前通り商店街で売られている願成就絵札

172

花風景

醒井地蔵川のバイカモ

地域の特色

山地で囲まれた近江盆地の中央部にわが国最大の湖である琵琶湖がある。多くの河川が注ぎ、周辺も豊かな水に恵まれている。琵琶湖の周囲に平野、丘陵、山地と順次広がり、湖南と湖東の平野は広く、湖南は古代に大津京の都が置かれ、現在も都市化が進み、湖東は近江米をはじめとする田園地帯となっている。滋賀県は、東海道、北陸道などの交通の要衝で、京都に近いこともあり、古くから城下町や宿場町などが発達し、古代からの由緒ある寺社も多い。太平洋側と日本海側の暖温帯の気候を示す。

花風景は、寺社にも見られるが、近世の城郭跡や近代の名所づくりのサクラ名所などが知られ、特に、田園地帯のなりわいの花、清流の水草の花、高山植物の花、山地の花木自然林は地域らしさを表している。

県花はツツジ科ツツジ属のシャクナゲ（石楠花）である。常緑広葉樹の中低木で、春に赤や白の大輪をつけ、よく目立つ。わが国には山地に数種類が自生し、変種や園芸品種も多く、都市には外来種のシャクナゲも植栽されている。東北の福島県もネモトシャクナゲを県花にしているように、亜寒帯から熱帯まで分布し、ヒマラヤ山麓の多種類の群生は有名である。

主な花風景

海津大崎のサクラ
＊春、琵琶湖国定公園、重要文化的景観、日本さくら名所 100 選

湖北の岬の湖畔沿い道路約 4 キロにわたって、600〜700 本のソメイヨシノの老齢木が道路のキャノピー（天蓋）をつくり、美しい花のトンネルを通り抜けることができる。遠くから眺めても、湖水面にこぼれおちるように咲き乱れており、水辺の美しい風景となっている。サクラは、1936（昭和 11）年に岬先端部のトンネル開削によって、道路が完成したことを記念して植樹されたものである。湖北は北陸の気候に近く、厳しい寒さで積雪

凡例　＊：観賞最適季節、国立・国定公園、国指定の史跡・名勝・天然記念物、日本遺産、世界遺産・ラムサール条約登録湿地、日本さくら名所 100 選などを示した

も多いことから、近畿では遅咲きのサクラ名所となっている。近くには近畿では珍しいスキー場がある。

　琵琶湖は古くから近江八景という湖南の名所が普及していた。戦後の1950（昭和25）年、琵琶湖国定公園が最初の国定公園の一つとして誕生した時、これを記念して新たな発想で「琵琶湖八景」が選定され、海津大崎の岩礁も選ばれた。琵琶湖にとっては珍しい岩礁の風景が評価されたのである。琵琶湖八景は、月明彦根の古城、涼風雄松崎の白汀、新雪賤ヶ岳の大観、煙雨比叡の樹林、深緑竹生島の沈影、夕陽瀬田・石山の清流、暁霧海津大崎の岩礁、春色安土・八幡の水郷の8カ所である。

　海津大崎のサクラを含む一帯は重要文化的景観「海津・西浜・知内の水辺景観」に指定されている。海津大崎の西に連なる海津、西浜、知内は、近世には北陸から京都・大坂に向かう北国街道の宿場町であり、また、琵琶湖の海運の港町であり、交通の結節点であった。今も町屋や倉庫が残っている。近世には、海津や西浜の水害を見かねた2人の代官の配慮によって、集落や街道を波浪被害から守るために、約1.2キロにわたり、高さ約2.5メートルの石積み護岸が水辺に築かれた。琵琶湖は波浪によって荒れることもあり、船の遭難なども起きているが、湖の防災護岸は珍しい。この地域は古くから水と共に生きてきた。琵琶湖のエリ漁や知内川のヤナ漁などの漁法が継承されてきた。湧き水が豊富で共同井戸などが発達し、ヅシという小道とハシイダという桟橋によって湖とつながり、洗濯や水汲みをしていた。防風林として近代に植林された立派な松林も残っている。

豊公園のサクラ　＊春、日本さくら名所100選

　琵琶湖畔の長浜城跡の公園で、豊かな自然に囲まれ、約600本のソメイヨシノが咲き誇っている。長浜城は戦国時代末に豊臣秀吉が築城したが、江戸時代になって廃城となり、ほとんど消失した。1909（明治42）年、城跡に公園が設置され、豊太閤・豊臣秀吉にちなんで「豊公園」と名付けられた。井戸の遺構「太閤井戸」も残っている。83（昭和58）年、本丸跡として新たな城郭を建設し、長浜城歴史博物館とした。この展望台からは湖北が一望でき、眼下に一面のサクラを見下ろせる。洋風公園、運動公園、児童公園などを持つ総合公園であり、琵琶湖を眺めながら、サクラの他にもウメやフジなど四季の花風景を楽しむことができる。近くには、1990年代

に地域活性化の先駆的事例として注目された北国街道の歴史的町並みとそれを活用した黒壁スクエアがあり、今も来訪者が多い。

醒井地蔵川のバイカモ　＊夏、重要伝統的建造物群保存地区、日本遺産

　醒井は米原と関ヶ原の間に位置する豊かな水に恵まれた清流の町である。現在も東海道本線や名神高速道路などが集中する交通の要衝にあり、水に恵まれていたことから、中山道六十九次の中山道61番目の宿場の醒井宿となっていた。鈴鹿山脈の北端である霊仙山（1,084メートル）の北麓に位置し、霊仙山は関ヶ原に続く谷間を挟んで北の伊吹山に対峙し、西には養老の滝で有名な岐阜県の養老山が連なっている。霊仙山は霊山であり、水源の山でもあり、また、「花の百名山」にもなっている。醒井の名の由来には幾つかあるが、一説には日本武尊が伊吹山の大蛇を退治した際、毒気で病に伏し、当地の「居醒の清水」で治癒したところから、「醒井」の地名が生まれたという。2008（平成20）年、「居醒の清水」は環境省の「平成の名水百選」に選ばれている。

　居醒の清水を湧水源などとして醒井の町を地蔵川が流れ、この水中に珍しいバイカモが繁茂し、ウメのような白い水中花が咲き乱れる。地蔵川は小川で水量が豊富な清流であることから、ゆらゆら流れに身をまかせる茎や葉の緑も鮮やかで、白い花も映え、透きとおる清涼感に満ちている。バイカモは水中の藻のように見えることから梅花藻と表記するが、藻類には花が咲かないので藻ではなく、キンポウゲ科キンポウゲ属の水草である。地下からの湧水で、水温も年間を通して約14℃という生育条件が整っている。地蔵川には清流のシンボルとも称される絶滅危惧種の淡水魚ハリヨも生息しているが、近縁種のイトヨとの交雑が進んでおり、イトヨを排除して、人工増殖や近くの水系からのハリヨの移入などを検討し、絶滅を避けようとしている。霊仙山を巡る清流はニジマス、アマゴ、イワナ、ビワマスなどの生息地で、地蔵川とも合流する丹生川上流部には醒井渓谷と1878（明治11）年設立の醒井養鱒場があり、観光地となっている。

箱館山山麓のソバ　＊秋

　湖北の箱館山の麓にソバ畑が広がっている。9月下旬から10月上旬にかけて、一面に白いソバの花が広がり、少し遅れて淡い紅色のアカソバの花

Ⅳ　風景の文化編　　175

が咲く。ソバは冷涼な水はけの良い土地を好み、全国で栽培されている。箱館山は冬はスキー場、夏はユリ園にもなる。今津にはこの地産蕎麦粉を使用した蕎麦屋が多く、箱館蕎麦や今津蕎麦と呼ばれている。

鎌掛谷のホンシャクナゲ　＊春、鈴鹿国定公園、天然記念物

　鈴鹿山脈の西、標高300〜400メートルのアカマツ林の間の鎌掛谷の斜面約4ヘクタールに約2万本のホンシャクナゲが群生している。とがった常緑の葉を持つ枝の先端部に淡紅色や白色の七つの花びらからなる幾つかの花が群となって咲き誇る。鈴鹿山脈では高地に咲く花であるが、ここでは低地に自生している。鈴鹿山脈のこの辺りは花崗岩の侵食地形からなる渓谷が見られ、特異な植物群落などが多い。

伊吹山の草原植物　＊夏、琵琶湖国定公園、天然記念物

　伊吹山は滋賀県と岐阜県にまたがり、滋賀県の最高峰1,377メートルとなっている。大きく目立つ山容でJR東海道線から間近に見える。古代より知られた山であり、霊山としても信仰され、織田信長は薬草園を開いている。島崎藤村は詩に詠っている。残念ながら石灰岩の山として、現在は一部がセメントの資源として採掘されている。しかし、日本百名山の一つとして、また、植物の宝庫であることから、多くの登山客を集めている。もっとも、過剰利用による植生の踏み荒らし、植物の盗掘、登山道の荒廃などの深刻な問題も抱えている。山頂からは遠く北方に白山が望める。

　伊吹山は標高からすると決して高山ではないが、日本海側の気候の影響を強く受け、しかも、石灰岩という特殊な地質から、北方性の高山植物や亜高山性植物が見られ、多くの固有種や分布の西南限とする植物が生育している。山頂部のお花畑と呼ばれる草原には、ショウジョウバカマ、シモツケソウ、クガイソウ、メタカラコウ、シシウド、ハクサンフウロ、イブキフウロ、キンバイソウ、サラシナショウマなどの花々が百花繚乱とばかりに咲き乱れ、西日本一のお花畑と称されている。固有種も、イブキアザミ、コイブキアザミ、ミヤマコアザミ、ルリトラノオ、イブキレイジンソウ、コバノミミナグサ、イブキタンポポなどと多い。分布西南限の植物や好石灰岩性の植物など貴重な植物も数多く見られる。

公園／庭園

玄宮楽々園と彦根城

地域の特色

　滋賀県は、山地で囲まれた近江盆地からなり、中央部に県の6分の1の面積を占める琵琶湖がある。琵琶湖の周囲に平野、丘陵、山地と同心円状の配列を示し、湖南と湖東の平野は広く、湖北と湖西の平野は狭い。この地域は古くから知られ、667（天智天皇6）年には都が飛鳥から大津に移され、大津京が開かれる。

　滋賀県は『古事記』では「近淡海」「淡海」と記され、701（大宝1）年の大宝律令以降「近江」が定着する。琵琶湖は『万葉集』には「淡海」「近江之海」などと記され、「鳰の海」という古称もあり、近世に琵琶の楽器に似ているので琵琶湖が普及する。鳰は水鳥のカイツブリであり、琵琶湖にも多いが、広くみられる鳥である。近江の国は、東海道をはじめ交通の要衝であり、東日本や北陸ともつながり、また、京の都に近いこともあって、古くから城下町、宿場町、港町が発達し、壬申の乱をはじめ多くの戦乱の舞台ともなった。比叡山延暦寺、長等山園城寺（三井寺）、石山寺、日吉大社など由緒ある古い寺社も多い。比叡山延暦寺は世界文化遺産「古都京都の文化財」に含まれている。

　琵琶湖は近江八景が代表的なように古くからの名所であった。近江八景の誕生は、1500（明応9）年、関白近衛政家が和歌八首を詠んだことにちなむという説があったが、現在の研究では、慶長期（1596～1615）の関白近衛信尹の和歌によるという説が有力となっている。近江八景の名所絵は歌川広重による1834（天保5）年頃の浮世絵版画が有名である。滋賀県は1950（昭和25）年の琵琶湖国定公園誕生に合わせ、現代の視点で新たな琵琶湖八景を選定している。

　自然公園は開発が進んでいることから少ないが、都市公園は琵琶湖や歴史を活かしたものがある。庭園もこの地域が古い歴史と文化をもつことから、地方としては名園が比較的多い。

凡例　自然公園、　都市公園・国民公園、　庭園

主な公園・庭園

🎯 琵琶湖国定公園琵琶湖

＊世界遺産、ラムサール条約湿地、名勝、天然記念物、日本百名山

　琵琶湖はわが国最大の湖であり、1950（昭和25）年、最初の国定公園の一つとなった。琵琶湖は数百万年前の断層によって生まれた断層湖（構造湖）であり、徐々に移動して数十万年前に現在の位置に至った。世界的にもきわめて古い湖であり、豊かな生物相を育んでいる。琵琶湖国定公園は一部京都府におよび、比良山、比叡山、伊吹山、賤ヶ岳、余呉湖、彦根城、瀬田川、宇治川や延暦寺、石山寺、平等院などを含む多彩な自然、歴史、文化を示す公園である。琵琶湖は近畿の水資源であることから、1972〜97（昭和47〜平成9）年には琵琶湖総合開発計画によって自然環境の保全と水質汚濁の改善が図られるが、湖岸緑地の造成も進められた。92（平成4）年、ヨシ群落保全条例が制定され、翌93（平成5）年、ラムサール条約の湿地に登録され、2008（平成20）年、登録湿地が拡大された。現在、ヨシ群落や内湖（琵琶湖周辺小湖沼）の自然再生が進められている。

　戦時下の1942（昭和17）年、当時の国立公園当局であった厚生省人口局は、健民修錬所、疎開学徒のため、人口稠密地方に琵琶湖、金剛高野などの6カ所の国立公園候補地を選定する。戦後の1946（昭和21）年、GHQ（連合国軍総司令部）統治下において伊勢志摩国立公園が指定され、これに驚いた滋賀県は国立公園指定運動を再開する。翌47（昭和22）年、厚生省は「国立公園施策確立要綱」を策定し、新規国立公園7カ所、既国立公園拡張6カ所をあげ、ここに琵琶湖国立公園候補地の正式決定をみる。しかし、厚生省は、GHQの見解だとして、琵琶湖はレクリエーション地域としては適地であるが、国立公園としての景観の資質に欠けると滋賀県に伝える。開発が進みすぎていたのであり、最大の問題は内湖の干拓だったと指摘されている（小沢、2012、pp.5〜16）。

🎯 鈴鹿国定公園鈴鹿山脈

　鈴鹿山脈は滋賀県と三重県にまたがり、県境部を南北に走る山脈であり、鈴鹿峠など峠の多い西日本と東日本を分断する山脈でもある。北から御池岳（1,247m）、藤原岳、御在所岳などと1,000m級の山岳が連なる。東の三

重県側が急傾斜をなすのに対し、西の滋賀県側は緩傾斜をなしている。鈴鹿山脈は、寒暖両系の気候の影響をうけ、北部や西部は日本海側の気候、南部や東部は太平洋側の気候の影響をうけているため、冷温帯のブナ優占の夏緑広葉樹林と温帯のシイ・カシ優占の常緑広葉樹林が分布している。

⑤ 三上・田上・信楽県立自然公園三上山・田上山地

三上山（432m）は近江富士と呼ばれ、名神高速道路を走ると道路をヴィスタ（通景線）として真正面に見ることができる。遠くからもランドマークとして目立っている。田上山地は太神山（600m）、竜王山などが連なり、湖南アルプスとも呼ばれている。太神山山頂には不動寺がある。田上も太神も山が農業の水源であるという田の神の信仰に由来すると考えられる。

都 湖岸緑地　＊日本の都市公園100選

県土中央部に広がる日本最大の湖、琵琶湖の湖岸沿いに帯状に点在する広域公園である。湖南西岸に位置する県庁所在地の大津市に4地区、湖南東岸地域の草津市、守山市、野洲市に4地区（旧3地区）、湖東湖北地域の東近江市、彦根市、米原市、長浜市に7地区（旧6地区）が整備され、その範囲は湖岸全体の約4分の1におよぶ。白砂青松やヨシ原等湖岸特有の自然資源を生かしつつ、個々の立地条件に応じた修景、休養、運動施設等が整備されており、花見、水泳、ウォーキング、バーベキューなど広く利用され、琵琶湖の風景に賑わいをもたらしている。

この公園は、1972（昭和47）年から97（平成9）年の25年間にわたり実施された琵琶湖総合開発事業の産物である。保全、治水、利水の三本柱のうち、湖岸緑地整備は保全の柱のなかに位置付けられ、その目的は自然環境の悪化を防止し、新たな湖辺の風致の形成に資するとともに、レクリエーション利用の増進を図ることであった。都市公園担当部局と自然公園担当部局が分担して取り組むこととなったが、主に前者の整備対象となったのは、都市化が進み、人工的な護岸や集落、家屋が湖岸に迫っていた地域であった。このような地域に、残存する自然風景を保存・活用しつつレクリエーション空間としての利用増進をめざす都市公園「湖岸緑地」が次々と生みだされ、新しい湖辺の風景が創出されたのである。まさに琵琶湖全体の開発事業と共に誕生した公園だが、近年、再び琵琶湖全体を対象とした

Ⅳ　風景の文化編　　179

大事業の中で新たな展開をみせている。2000（平成12）年3月、滋賀県は総合的な湖沼と集水域の保全を目的として「琵琶湖総合保全整備計画（マザーレイク21計画）」を策定した。概ね50年後のあるべき姿を念頭に、20年後にあたる2020（平成32）年の琵琶湖を次世代に継承する姿として設定し、各種保全施策を総合的に推進する22カ年の長期計画である。ここに在来生物の生息空間や緑と人のふれあえる空間としての湖岸緑地再整備が位置付けられており、一部の地区で推進中である。また、2010（平成22）年度より導入された指定管理者制度の下、夏の昆虫観察会や外来魚釣り体験、秋の流木アートづくりなど、四季を通じた保全と活用のイベントや情報発信などが盛んに行われるようになっている。時代ごとの琵琶湖と人の関わりの理想像を端的に示し続ける、滋賀県を代表する都市公園である。

都 金亀公園 ＊国宝、特別史跡、名勝、重要文化財、日本の都市公園100選、日本の歴史公園100選

　彦根市の中心部、琵琶湖畔の小高い独立丘陵に築かれた近世城郭である彦根城の城址を基盤とする総合公園である。彦根城址は、国宝に指定された天守をはじめ重要文化財に指定された複数の櫓など、貴重な建造物が数多く現存しており、麓には内堀と中堀が当初の姿をほぼ完全に留めている。全国的にみても保存状態のきわめて良好な城址で、中堀より内側の範囲全体が国の特別史跡に指定されている。明治初期の廃城令による解体の危機を免れた彦根城址は、1894（明治27）年に旧藩主の井伊家に下賜され、その後1944（昭和19）年に彦根市に寄贈された。この時より公園化の検討が始まり、58（昭和33）年12月に都市計画決定を行い、随時整備が進められていった。公園の範囲には、内堀に囲まれた第1郭全体、さらに中堀に囲まれた第2郭のうち名勝に指定された玄宮・楽々園を中心とする北東部が含まれ、かつ史跡指定地に隣接する城山北側の地区がこれに加わる。山腹を覆う緑のなかに、風格ある歴史的建造物が秩序立ってそびえる歴史的風致に溢れた城山の風景と、それをとり巻く往時と変わらぬ堀の水景、さらに野球場、テニスコート、多目的競技場、野外ステージなど市民に広く利用されている北側地区の賑わいの風景が、全体として違和感なく調和している。過去と現在をつなぐ、城下町都市彦根の象徴的な都市公園である。

㊦ 長等公園

　大津市小関町の長等山麓に位置する約9.5haの近隣公園である。眼下に大津の市街地と琵琶湖南の美しい眺望が広がり、春にはヤマザクラ、ソメイヨシノなど約900本の桜が咲き誇り、連日花見客で賑わう。入口付近の平場には遊具広場やせせらぎのある園地が整備され、地域住民の憩いの場であるとともに、東海自然歩道が通る緑豊かな園内には野鳥観察ステージも設けられ、ハイキングを楽しむ個人やグループが行き交う場でもある。立地する周辺一帯は、山麓から中腹にかけて由緒ある古社寺が建立し、豊かな歴史的風土を形成している。この公園地も、元は隣接する園城寺（三井寺）の管下にあり、古くより信仰の場として、かつ四季折々の景趣を楽しむ行楽の場として知られた場所であった。このような履歴をもつ地域を、1902（明治35）年、当時観光振興に注力していた大津市が初めて公園化し、翌03（明治36）年より桜や楓の植栽を中心に整備が始められた。以後、徐々に周辺地を編入して面積を拡張し、時代ごとに整備を重ねつつ現在にいたる。

㊦ 玄宮楽々園　＊名勝

　彦根市金亀町に位置する彦根城は、1603（慶長8）年から工事が始められ、22（元和8）年に竣工している。標高136mの丘陵上の本丸に3層の天守閣が建てられ、南東麓には城主の居館としての表御殿が建設された。表御殿の庭園は1984（昭和59）年に発掘され、藩主の居室だった奥向きの御殿と共に、彦根城博物館内に復元され公開されている。

　城内の北東部に位置する玄宮園は内堀の外側にあり、琵琶湖の入江（松原内湖）の湿地部分を干拓した第2郭内に位置している。築城当初は重臣の屋敷が建てられていたが、4代藩主直興によって1679（延宝7）年に下屋敷が建設された。『井伊年譜』は井伊家家臣だった香取氏が作庭したとしている。現在の庭園の状況になったのは1812（文化9）年の改修によるもので、極彩色の「玄宮園図」（彦根城博物館所蔵）に当時の状況をみることができる。

　大規模な園池には4島を築いて橋を架け、東部から北部にかけては築山を設けて、園池の周辺を巡って景観の変化を楽しめるようにしている。園

Ⅳ　風景の文化編　　181

池の岸に建つ臨池閣や背後の彦根城の天守が、この庭園を引き立たせていて、臨池閣や築山上の鳳翔台からは、庭園の全景を眺めることができる。「玄宮園図」には、中島の中央に築かれた滝組の上部から流れ出した水が、園池に注ぐ状態が描かれている。外堀の油掛口御門付近から、石樋・木樋などを使って導水した上水道が、玄宮園にも引かれていたらしい。

　楽々園は玄宮園の御殿部分だった所を、1813（文化10）年に11代藩主直中が、隠居屋敷として大規模に増改築を行って、現存する御書院を新築し、前面に新しく庭園を築いている。江戸時代には槻御殿などと呼ばれていたが、明治以降に「楽々の間」があることから、楽々園と呼ばれるようになった。1881〜1994（明治14〜平成6）年まで民間の旅館が営業していたが、廃業に伴って建物が市に返還され、現在庭園は一般公開されている。

庭 兵主神社庭園　＊名勝

　野洲市五条にある兵主神社は、平安時代には近江国の霊威がある神社として諸国に知られていたらしく、『延喜式』の神名帳に名が載っている。庭園は神社本殿の南に、現在の建築とは無関係に築造されているために、鎌倉時代の豪族の館のものとされてきた。ところが、1991〜2001（平成3〜13）年度の発掘調査で、下層から12世紀（平安後期）の洲浜をもつ園池が発見されて、社殿の前面をとり巻くように、左右対称に北側まで続くことが確認された。現在も残る庭園は、文献と発掘から明治期の改修と判明したが、造形的に優れていることから、平安時代のものを合わせて復元整備されている。

庭 旧秀隣寺庭園　＊名勝

　旧秀隣寺庭園は、高島市朽木岩瀬に位置している。1528（享禄元）年に三好元長の攻撃を避けた12代将軍足利義晴が、朽木稙綱を頼って1531（享禄4）年まで逗留した時に、将軍の失意を慰めるために朽木氏の岩神館の中につくったのが、この庭園だったという。池の規模は南北25ｍ、東西15ｍほどだが、比良山系の山々や安曇川を借景にしていることや、屈曲した汀線と巧みに組まれた護岸石組や中島の立石などによって、堂々とした庭園に見える。北畠氏館跡庭園と旧秀隣寺庭園は、ともに細川高国が作庭したといわれている。園池の岸はすべて石組でとり囲まれ汀線は複雑に

屈曲していて、池というより流れに近いように見えるという共通点があるから、同時代のものと考えていいだろう。

1606（慶長11）年に朽木宣綱が妻を弔うために、館を寺として秀隣寺と命名したが、1729（享保14）年に秀隣寺を他の場所に移して、興聖寺を移したために、庭園の指定名称が複雑になっている。興聖寺は鎌倉時代の創建で、朽木氏歴代の菩提寺とされていたものだった。

庭 青岸寺庭園 ＊名勝

青岸寺は JR 米原駅東口からすぐの所にある。京極（佐々木）導誉（1296〜1373）が創建した米泉寺を、江戸時代初期に彦根藩3代藩主の井伊直澄が再興して、青岸寺に改称している。3世住持の興欣の『築園記』によると、庭園は1678（延宝6）年に、彦根藩士だった香取氏がつくったという。

庫裏の背後の山の斜面を利用して、築山を設けて頂に三尊石を立て、その下に枯滝を組んでいる。手前の窪地が枯池になっていて、亀島型の中島があり、左手の湾曲部には石橋が架けられている。雨の日に見に行くと、枯池に水が溜まって園池のように見えるが、滝組の石が池の中へも続いているので、当初から枯山水だったことがわかる。

庭 大通寺含山軒および蘭亭庭園 ＊名勝

大通寺は1649（慶安2）年に、彦根藩主井伊直孝の援助をうけて、長浜市元浜町の現在地に移っている。含山軒と蘭亭の庭園は、5代目住職だった横超院（1721〜91）の時期に作庭されたという。

含山軒の庭園は枯山水で、亀島と鶴島が設けられていて、左手の築山の裾に大きな立石があり、奥に三尊石が立っている。正面奥に見える伊吹山を意識して石組が配置されているから、借景庭園といえる。西側の蘭亭曲水宴図の襖絵がある蘭亭の庭園も枯山水だが、面積は10ｍ四方ほどしかない。南側奥に築山があり、中央の立石から水が流れ落ちて池に入り、小さな太鼓橋の下から出ていくかたちになっている。含山軒とは石の置き方が違うので、作庭者は別人だろう。

Ⅳ　風景の文化編　　**183**

温　泉

地域の特性

滋賀県は、近畿地方東部の内陸県であり、中央に県の面積の6分の1を占める琵琶湖がある。湖を境に湖北地方と湖南地方に分かれる。江戸時代以降、近江商人が全国各地を訪ね、活躍した。湖南地方を中心に工業化や物流基地の整備が進んだ。大津は三井寺の門前町として栄え、比叡山延暦寺は天台宗の総本山で、788（延暦7）年に最澄が開山した。湖東の近江八幡は近江商人の発祥地で、その町並みは国の重要伝統的建造物群保存地区に指定され、井伊35万石の彦根城の天守閣は国宝に指定されている。

◆旧国名：近江　県花：シャクナゲ　県鳥：カイツブリ

温泉地の特色

県内には宿泊施設のある温泉地が22カ所あり、源泉総数は81カ所である。42℃以下の温度の低い源泉で占められ、湧出量は毎分9,000ℓで全国43位にランクされている。年間延べ宿泊客数は約100万人を数え、都道府県別では全国33位である。県内の温泉地別延べ宿泊客数は、雄琴が39万人で最も多く、以下に米原市の朝宴筑摩と長浜市の長浜が各15万人ほどで並び、近江八幡市の島町と大津市の浜町が各9万人で続いている。かつての歓楽温泉地から脱し、落ち着いた温泉場を整備している。

主な温泉地

① 雄琴（おごと）　40万人、57位
単純温泉

県南西部、比叡山を背にし、琵琶湖に面する位置にある温泉地で、約1200年前に伝教大師（最澄）によって開湯されたといわれる。雄琴の地名は「大炊神　今雄宿禰命」の屋敷から琴の音が聞こえたことに由来するという。また、法光寺の境内にある念仏池から地下水が出ていたが、これ

を飲むと難病が治るので霊泉として守られてきた。大正期にこれを分析したところ、ラジウム鉱泉であることがわかり、温泉開発が進んだ。その後、鉄道が開通したことから、1929（昭和4）年には最初の温泉旅館が創業し、続いてその数が増えて9軒になった。第2次世界大戦後、温泉地は歓楽地化して発展したが、低成長期となって新たな温泉観光振興の方向性が検討されることになった。現在、各温泉旅館、ホテルがそれぞれの個性を前面に出して、差別化を図っていることは、多様な客の満足度を高めることにつながるであろう。比叡山延暦寺、坂本門前町なども近い。

交通：JR湖西線おごと温泉駅、タクシー

②長浜　含鉄泉

　県中北部、琵琶湖東岸にある長浜は、豊臣秀吉ゆかりの歴史を有する旧城下町であり、近世期には北国街道の宿場として栄えた。市制40周年の記念として長浜城が復元されて歴史博物館が誕生し、街道筋の黒壁漆喰土蔵の再生運動が活発化し、さらに寂れていた大通寺門前町並みの整備を図った。こうした動きに合わせて、市民参加の「出生まつり」「着物大園遊会」が開かれ、その一方では観光対象を案内するボランティアガイドの養成が始まった。ここに、まず観光客に長浜の土地柄とそのよさを知ってもらいたいという市民を挙げての姿勢がうかがえる。同時に、観光客の宿泊滞在を図ることが重要であるが、城址公園内に長浜太閤温泉が開発されることになり、1983（昭和58）年に温泉が湧出して国民宿舎が設置された。長浜地域を持続可能な観光地にするために、多くの市民の後押しがあったのである。

交通：JR北陸本線長浜駅

③石山　単純温泉

　県南西部、琵琶湖南端近くの名刹石山寺の門前町にあり、引湯による温泉地である。温泉は16℃の低温のラジウム泉で、加熱して利用されている。瀬田川の河岸に沿って和風の旅館が並ぶ落ち着いた環境にある。聖徳太子や弘法大師ゆかりの史跡があり、紫式部がここで源氏物語を構想したとも伝えられる。

交通：京阪電鉄石山寺駅

Ⅳ　風景の文化編

執筆者 / 出典一覧

※参考参照文献は紙面の都合上割愛
しましたので各出典をご覧ください

Ⅰ 歴史の文化編

【遺　跡】 **石神裕之**（京都芸術大学歴史遺産学科教授）『47都道府県・遺跡百科』(2018)

【国宝 / 重要文化財】 **森本和男**（歴史家）『47都道府県・国宝 / 重要文化財百科』(2018)

【城　郭】 **西ヶ谷恭弘**（日本城郭史学会代表）『47都道府県・城郭百科』(2022)

【戦国大名】 **森岡　浩**（姓氏研究家）『47都道府県・戦国大名百科』(2023)

【名門 / 名家】 **森岡　浩**（姓氏研究家）『47都道府県・名門 / 名家百科』(2020)

【博物館】 **草刈清人**（ミュージアム・フリーター）・**可児光生**（美濃加茂市民ミュージアム館長）・**坂本　昇**（伊丹市昆虫館館長）・**髙田浩二**（元海の中道海洋生態科学館館長）『47都道府県・博物館百科』(2022)

【名　字】 **森岡　浩**（姓氏研究家）『47都道府県・名字百科』(2019)

Ⅱ 食の文化編

【米 / 雑穀】 **井上　繁**（日本経済新聞社社友）『47都道府県・米 / 雑穀百科』(2017)

【こなもの】 **成瀬宇平**（鎌倉女子大学名誉教授）『47都道府県・こなもの食文化百科』(2012)

【くだもの】 **井上　繁**（日本経済新聞社社友）『47都道府県・くだもの百科』(2017)

【魚　食】 **成瀬宇平**（鎌倉女子大学名誉教授）『47都道府県・魚食文化百科』(2011)

【肉　食】 **成瀬宇平**（鎌倉女子大学名誉教授）・**横山次郎**（日本農産工業株式会社）『47都道府県・肉食文化百科』(2015)

【地　鶏】 **成瀬宇平**（鎌倉女子大学名誉教授）・**横山次郎**（日本農産工業株式会社）『47都道府県・地鶏百科』(2014)

【汁　物】 **野﨑洋光**（元「分とく山」総料理長）・**成瀬宇平**（鎌倉女子大学名誉教授）『47都道府県・汁物百科』(2015)

【伝統調味料】 **成瀬宇平**（鎌倉女子大学名誉教授）『47都道府県・伝統調味料百科』(2013)

【発　酵】 **北本勝ひこ**（日本薬科大学特任教授）『47都道府県・発酵文化百科』(2021)

【和菓子 / 郷土菓子】 **亀井千歩子** （日本地域文化研究所代表）『47都道府県・和菓子 / 郷土菓子百科』(2016)
【乾物 / 干物】 **星名桂治** （日本かんぶつ協会シニアアドバイザー）『47都道府県・乾物 / 干物百科』(2017)

Ⅲ　営みの文化編

【伝統行事】 **神崎宣武** （民俗学者）『47都道府県・伝統行事百科』(2012)
【寺社信仰】 **中山和久** （人間総合科学大学人間科学部教授）『47都道府県・寺社信仰百科』(2017)
【伝統工芸】 **関根由子・指田京子・佐々木千雅子** （和くらし・くらぶ）『47都道府県・伝統工芸百科』(2021)
【民　話】 **黄地百合子** （日本昔話学会会員）／ 花部英雄・小堀光夫編『47都道府県・民話百科』(2019)
【妖怪伝承】 **化野燐** （小説家）／ 飯倉義之・香川雅信編、常光徹・小松和彦監修『47都道府県・妖怪伝承百科』(2017) イラスト ©東雲騎人
【高校野球】 **森岡浩** （姓氏研究家）『47都道府県・高校野球百科』(2021)
【やきもの】 **神崎宣武** （民俗学者）『47都道府県・やきもの百科』(2021)

Ⅳ　風景の文化編

【地名由英】 **谷川彰英** （筑波大学名誉教授）『47都道府県・地名由来百科』(2015)
【商店街】 **杉山伸一** （大阪学院大学教育開発支援センター准教授）／ 正木久仁・杉山伸一編著『47都道府県・商店街百科』(2019)
【花風景】 **西田正憲** （奈良県立大学名誉教授）『47都道府県・花風景百科』(2019)
【公園 / 庭園】 **西田正憲** （奈良県立大学名誉教授）・**飛田範夫** （庭園史研究家）・**井原縁** （奈良県立大学地域創造学部教授）・**黒田乃生** （筑波大学芸術系教授）『47都道府県・公園 / 庭園百科』(2017)
【温　泉】 **山村順次** （元城西国際大学観光学部教授）『47都道府県・温泉百科』(2015)

索　　引

あ　行

鮎河菜汁　97
青木氏　37
青地氏　37
赤いこんにゃく　115
秋の詩　65
明智の人魂　145
浅井氏（浅井一族）37, 44, 61
小豆　67
阿曽津婆　142
阿閉氏　38
安土城　27
安土城跡　17
安曇の恵　93
アドベリー　77
穴村のくし団子　112
穴太遺跡　16
油盗人　145
油日神社　130
尼子　61
アメノイオごはん　69
雨森芳洲関係資料　21
あも　112
粟津湖底遺跡　13
あん巻き　73
井伊家　8, 44
井伊直弼　9
伊香高　151
いがもち　73
イサザ　81
石山　185
石山寺　4
石山寺多宝塔　22
一円　61
イチゴ　77
イチジク　76
いちじく収穫体験　79
糸切り餅　110
稲垣家　45
イノシシ料理　88
飯開神社　127
伊吹蕎麦　116
伊吹山　163
伊吹山の草原植物　176

伊吹山文化資料館　56
いりこだんご　72
宇佐山城　27
打ち豆汁　97, 98
打ち豆雑煮　69
宇津木家　45
姥が餅　112
姥捨山　139
ウメ　77
埋れ木　112
うるち米　65
枝豆汁　97
愛知川の竜　142
愛知川びん細工手まり　137
愛知川用水　67
遠藤家（三上藩）　45
遠藤家（菓子商）　46
延暦寺　163
延暦寺根本中堂　23
老杉神社　131
皇子山古墳　15
近江牛　85
近江牛の味噌漬け　6, 86
近江大津宮錦織遺跡　15
近江鶏　88, 92
近江高　151
近江国庁跡　15
近江黒鶏　88, 92
近江しゃも　87, 92
近江商人　8
近江上布　133
近江ちゃんぽん　6
近江八幡左義長　123
近江八幡市　3
近江豚バラ肉　87
近江プレノワール　92
近江名所図　20
大岩山遺跡　14
大角家　46
大津絵落雁　111
大津県　9
大津市　3
大津市科学館　56
大津商（高）　151
大津城　28

大津市歴史博物館　54
大津百町（丸屋町・菱屋町・
　長等）中心商店街　169
オオツル　115
大手門通り・ながはま御坊
　表参道商店街　171
大戸開神事　120
大入道　146
大野木豊年太鼓踊り　69
大原氏　38
大溝城　28
大百足　146
岡神社　128
小倉氏　38
御講汁　97
雄琴　184
おこない　70
おこない祭　122
長村梵鐘　135
小谷城　29
おとしいも　98
小野神社　108
小野神社のシトギ　73
小野田家　46
おはな踊り　70
御鯉　111

か　行

海津大崎のサクラ　173
カイツブリ　93
カキ　76
柿と鯖酢じめ 市松白雲巻
　　78
柿の天ぷら　78
柿味噌サンド　78
片岡家　46
堅ボーロ　112
楽器糸　136
加藤家　46
鎌掛谷のホンシャクナゲ
　　176
雷封じ　143
上丹生曳山茶碗祭　123
蒲生氏　38
蒲生野フレッシュポーク87

鴨すき 88, 91, 97
鴨鍋 88
鴨の骨のたたき 88
粥うらない 69
花様ドレッシング 102
唐崎みたらし祭 125
烏丸崎遺跡 14
唐橋遺跡 15
河太郎 146
観音寺城 30
キウイ 77
儀俄氏 39
ギギの味噌汁 97
北大津高 151
北の庄漬け 105
狐のお産 143
キヌヒカリ 65
キビ 67
木辺家 47
木俣家 47
旧秀隣寺庭園 182
久徳氏 39
京街道門前通り商店街 172
競技かるた大会 5
京極氏 39
切干大根の味噌汁 97
黄和田・日枝神社の「ちん作り」 110
きんし重 91
きんし丼 91
吟吹実 66
草津市 3
草津宿街道交流館 55
菌神社 107
朽木 62
朽木氏 40
朽木城 30
国友家 47
国友鉄砲ミュージアム 55
藏尾ハム・ソーセージ 87
藏尾豚 86
クリ 77
倶利伽羅 62
黒大豆 115
玄宮楽々園 181
ゲンゴロウブナずし 81
コアユの干物 82
コアユ料理 82
濃口たまりしょうゆ 101
コイ料理 83
甲賀一族 60

上坂 61
興聖寺 127
甲西高 152
湖岸緑地 179
コシヒカリ 65
湖上交通 7
小杉家 47
古代そば 74
こだわりたまご 93
湖東焼 159
ことゆたか 115
湖北用水 68
小麦 66
子持鯉の煮付 106
五葉汁 98
金亀公園 180
金剛定寺 130

さ 行

西郷家 48
西明寺本堂 22
榊神事 121
坂本 4
坂本城 30
桜漬け 105
サクランボ 76
佐々木氏(佐々木一族) 8, 59
鯖のなれずし 105
醒井地蔵川のバイカモ 175
猿婚入り 140
佐和山城 31
山菜天丼 69
山王祭 121
三方良し 9
滋賀学園高 152
滋賀郡 9
滋賀県平和祈念館 56
滋賀県立安土城考古博物館 53
滋賀県立琵琶湖博物館 52
滋賀羽二重糯 66
信楽 164
信楽県立自然公園三上山 179
紫香楽宮 7
紫香楽宮跡 16
信楽焼 6, 134, 156
シジミご飯 69
シジミ汁 98
粢 108
下新川神社すし切り祭り

106
シャクナゲ 4
十一面観音立像 19
じゅんじゅん 97
巡礼の火の玉 147
醸造用米 66
正野家 48
醤油 95, 101, 104
食塩 95
白荒味噌 101
白味噌 101
新庄氏 40
スイカ 76
すいり汁 97
すき焼きのたれ 101
すし切り祭り 70
鈴鹿国定公園鈴鹿山脈 178
スナカケボウズ 147
炭焼き豚丼 87
青岸寺庭園 183
膳所 164
膳所高 152
膳所城 31
膳所焼 135, 158
瀬田工(高) 152
セタシジミ汁 97
セタシジミ料理 82
瀬田の唐橋 5
善那 62
千足狼 140
せんべい汁 98
総社神社麦酒祭 106
僧兵鍋 91
そば 67

た 行

大豆 67
大通寺含山軒および蘭亭庭園 183
多賀 62
多賀氏 40
高島氏 40
高島市 3
多賀神社の糸切り餅 109
多賀大社 5
多賀大社古例祭 124
高野瀬氏 41
高宮氏 41
たくあんの煮物 106
建部氏 41
田上 179

田上山地	179
玉栄	66
タマホマレ	115
多羅尾氏	41
太郎坊宮	5
淡海湖	68
淡海地鶏	92
団子爺	141
端午の節供の「つのまき」	
	111
近つ淡海	7
竹生島	4
中国風いちごまんじゅう	78
長光寺城	32
丁字麩	114
土一揆	8
つのまき	111
つりかぶら汁	97, 98
ツルベオロシ	147
でっちようかん（丁稚羊羹）	
	112, 116
天井川	2
天孫神社	128
豆腐田楽	6
ドジョウ入りにゅうめん	74
どじょう汁	98
どじょう鍋	91, 98
外村	62
虎姫	165
鳥人間コンテスト	6
とりやさいみそ	102
泥亀汁	97, 106
頓宮氏	42
豚丼	87

な 行

尚江千軒遺跡	17
中井家	48
中野家	48
長野家	49
中野神社	129
長浜	185
長浜北高	153
長浜県	9
長浜市	3
長浜城	32
長浜城歴史博物館	53
長浜風親子丼	91
長浜祭鳳凰山飾毛綴	21
永原氏	42
長等公園	181

ナシ	77
丹生神社	127
西川家	49
西堀榮三郎記念探検の殿堂	
	55
ニジマス料理	82
二条大麦	66
日本酒	104
日本ナシ	77
日本晴	65
人魚	148
農畜産物交流センター草津	
あおばな館	79
野神祭りの「御鯉」	111
のっぺいうどん	74

は 行

バームクーヘン豚	86
箱館山山麓のソバ	175
走り井餅	111
ハスの魚田	82
はだか麦	67
八幡商（高）	153
八幡城	33
八幡堀	5
八楽溜	68
八田焼	157
八杯汁	97
伴家	49
氷魚の釜揚げ	82
比叡山高	153
日吉大社	120
ひえゆば（比叡湯葉）	116
東近江市	3
彦根	165
彦根銀座街	170
彦根市	3
彦根城	4, 33
彦根城博物館	54
彦根東高	153
彦根仏壇	136
一つ目小僧	148
日野城	34
日野菜漬け	105
兵主神社大祭のよごみ団子	
	110
兵主神社庭園	182
瓢箪山古墳	14
日吉神社	128
日吉大社西本宮本殿及拝殿	
	23

比良焼	158
ビール	105
弘川遺跡	16
弘世家	50
琵琶湖	2
琵琶湖国定公園琵琶湖	178
琵琶湖と富士山	141
ビワマス	82
ファーマーズマーケットお	
うみんち	78
風俗図	20
ふくさやか	115
フクマカブセ	148
ふくみ天平	112
フクユタカ	115
ふくゆたか	116
浮気	62
ブドウ	76
ふなずし	6, 68
鮒ずし	105
フナの子和え	82
フナ味噌	102
フナ料理	81
富有柿がりもぎ体験	79
ブラックベリー	77
ブルーベリー	76
ブルーベリー酢豚	78
べたべただんご	72
蛇女房	140
亡霊子	149
豊公園のサクラ	174
宝満寺	129
法華経序品	19
堀田家	50
本多家	50

ま 行

米原市	3
松居家	51
松浦家	51
松原内湖遺跡	13
豆だんご	72
まゆだんご	73
三井寺の力餅	109
三上	179
御上神社	130
御上神社甘酒神事	106
ミカン	77
三雲氏	42
みずかがみ	65
ミズクグリ	115

水口高　　　　　　　154
味噌　　　95, 101, 104
味噌煮込みうどん　　102
道の駅あいとうマーガレッ
　トステーション　　79
みなくちかんぴょう（水口
　干瓢）　　　　　　116
水口城　　　　　　　34
水無月祓いの「わぬけ餅」
　　　　　　　　　　111
糞火　　　　　　　　149
美濃部氏　　　　　　42
虫送り　　　　　　　69
紫式部　　　　　　　4
目片　　　　　　　　62
目賀田氏　　　　　　42
目川田楽　　　　　　102

メロン　　　　　　　75
最上家　　　　　　　51
もち米　　　　　　　66
モミジ　　　　　　　4
桃　　　　　　　　　76
鸕船　　　　　　　　149
守山市　　　　　　　3
モロコ料理　　　　　82

や　行

焼きサバそうめん　　74
焼さば素麺　　　　　116
野菜センター　　　　79
野洲川の伏流水　　　101
野洲川流域　　　　　68
山岡氏　　　　　　　42
ヤマキ金印しょうゆ　101

山中氏　　　　　　　43
雪女　　　　　　　　149
ユズ　　　　　　　　76
夢京橋キャッスルロード
　　　　　　　　　　170

ら　行

栗東　　　　　　　　166
リンゴ　　　　　　　77
レーク65　　　　　　66
六条大麦　　　　　　67
六角氏　　　　　　　43

わ　行

ワイン　　　　　　　105
分部家　　　　　　　51

索　　引　　191

47都道府県ご当地文化百科・滋賀県

令和6年9月30日　発行

編　者　丸　善　出　版

発行者　池　田　和　博

発行所　丸善出版株式会社
〒101-0051　東京都千代田区神田神保町二丁目17番
編集：電話 (03) 3512-3264／FAX (03) 3512-3272
営業：電話 (03) 3512-3256／FAX (03) 3512-3270
https://www.maruzen-publishing.co.jp

© Maruzen Publishing Co., Ltd. 2024

組版印刷・富士美術印刷株式会社／製本・株式会社 松岳社

ISBN 978-4-621-30948-3　C 0525　　　　　Printed in Japan

JCOPY　〈(一社)出版者著作権管理機構　委託出版物〉
本書の無断複写は著作権法上での例外を除き禁じられています．複写
される場合は，そのつど事前に，(一社)出版者著作権管理機構 (電話
03-5244-5088, FAX 03-5244-5089, e-mail：info@jcopy.or.jp) の許諾
を得てください．

【好評既刊 ● 47都道府県百科シリーズ】
（定価：本体価格 3800 ～ 4400 円＋税）

47都道府県・**伝統食百科**……その地ならではの伝統料理を具体的に解説

47都道府県・**地野菜/伝統野菜百科**……その地特有の野菜から食べ方まで

47都道府県・**魚食文化百科**……魚介類から加工品、魚料理まで一挙に紹介

47都道府県・**伝統行事百科**……新鮮味ある切り口で主要伝統行事を平易解説

47都道府県・**こなもの食文化百科**……加工方法、食べ方、歴史を興味深く解説

47都道府県・**伝統調味料百科**……各地の伝統的な味付けや調味料、素材を紹介

47都道府県・**地鶏百科**……各地の地鶏・銘柄鳥・卵や美味い料理を紹介

47都道府県・**肉食文化百科**……古来から愛された肉食の歴史・文化を解説

47都道府県・**地名由来百科**……興味をそそる地名の由来が盛りだくさん！

47都道府県・**汁物百科**……ご当地ならではの滋味の話題が満載！

47都道府県・**温泉百科**……立地・歴史・観光・先人の足跡などを紹介

47都道府県・**和菓子/郷土菓子百科**……地元にちなんだお菓子がわかる

47都道府県・**乾物/干物百科**……乾物の種類、作り方から食べ方まで

47都道府県・**寺社信仰百科**……ユニークな寺社や信仰を具体的に解説

47都道府県・**くだもの百科**……地域性あふれる名産・特産の果物を紹介

47都道府県・**公園/庭園百科**……自然が生んだ快適野外空間340事例を紹介

47都道府県・**妖怪伝承百科**……地元の人の心に根付く妖怪伝承とはなにか

47都道府県・**米/雑穀百科**……地元こだわりの美味しいお米・雑穀がわかる

47都道府県・**遺跡百科**……原始～近・現代まで全国の遺跡＆遺物を通観

47都道府県・**国宝/重要文化財百科**……近代的美術観・審美眼の粋を知る！

47都道府県・**花風景百科**……花に癒される、全国花物語350事例！

47都道府県・**名字百科**……NHK「日本人のおなまえっ！」解説者の意欲作

47都道府県・**商店街百科**……全国の魅力的な商店街を紹介

47都道府県・**民話百科**……昔話、伝説、世間話…語り継がれた話が読める

47都道府県・**名門/名家百科**……都道府県ごとに名門/名家を徹底解説

47都道府県・**やきもの百科**……やきもの大国の地域性を民俗学的見地で解説

47都道府県・**発酵文化百科**……風土ごとの多様な発酵文化・発酵食品を解説

47都道府県・**高校野球百科**……高校野球の基礎知識と強豪校を徹底解説

47都道府県・**伝統工芸百科**……現代に活きる伝統工芸を歴史とともに紹介

47都道府県・**城下町百科**……全国各地の城下町の歴史と魅力を解説

47都道府県・**博物館百科**……モノ＆コトが詰まった博物館を厳選

47都道府県・**城郭百科**……お城から見るあなたの県の特色

47都道府県・**戦国大名百科**……群雄割拠した戦国大名・国衆を徹底解説

47都道府県・**産業遺産百科**……保存と活用の歴史を解説。探訪にも役立つ

47都道府県・**民俗芸能百科**……各地で現存し輝き続ける民俗芸能がわかる

47都道府県・**大相撲力士百科**……古今東西の幕内力士の郷里や魅力を紹介

47都道府県・**老舗百科**……長寿の秘訣、歴史や経営理念を紹介

47都道府県・**地質景観/ジオサイト百科**……ユニークな地質景観の謎を解く

47都道府県・**文学の偉人百科**……主要文学者が総覧できるユニークなガイド